Dra. Louise Hart

RECUPERA TU AUTOESTIMA

Un compañero para la transformación personal

EDICIONES OBELISCO

Si este libro le ha interesado y desea que le mantengamos informado de nuestras publicaciones, escríbanos indicándonos qué temas son de su interés (Astrología, Autoayuda, Ciencias Ocultas, Artes Marciales, Naturismo, Espiritualidad, Tradición), y gustosamente le complaceremos.

O consulte nuestro catálogo en: www.edicionesobelisco.com

Colección: Nueva Consciencia
RECUPERA TU AUTOESTIMA
Dra. Louise Hart

1.ª edición: Abril de 1998
2ª edición: Enero de 2001
3ª edición: Octubre de 2003

Título original: *On the Wings of Self-Steem*

Traducción: *Verónica d'Ornellas*

Diseño portada: *Michael Newman*
Maquetación y diseño: *Antonia García González*

Edita: Ediciones Obelisco, S.L.
Pere IV, 78 (Edif. Pedro IV), 4ª planta, 5ª puerta
08005 Barcelona - España
Tel. (93) 309 85 25 - Fax (93) 309 85 23
e mail: obelisco@edicionesobelisco.com

Depósito Legal: B. 44.237 - 2003
ISBN: 84-7720-638-4

Printed in Spain
Impreso en España en los talleres de Romanyà/Valls, S. A.,
de Capellades (Barcelona)

En el día en que tú naciste
Tu historia pasó de animal en animal:
El reno se lo contó a las golondrinas árticas
Quienes se lo contaron a las ballenas
Quienes se lo contaron a las mariposas
Quienes se lo contaron a las tortugas verdes
Quienes se lo contaron a la anguila europea
Quien se lo contó a la atareada curruca de jardín
Y la maravillosa noticia viajó alrededor del mundo.

Debra Frasier

Agradecimientos

Mi amorosa y sentida gratitud a aquellos que compartieron sus reflexiones, sus ánimos, sus historias y su sabiduría, especialmente la Dra. Patricia Palmer, el Dr. Leah Subotnick, la Dra. Ani Ligger, Ted y Diane Coffelt, y a mi hijo, Damian Baumgardner. Gracias también a Dave Caven y a Joy por haber aportado historias de su transformación personal.

Un agradecimiento muy especial a mi hija, amiga, animadora y editora, Kristen Baumgardner, quien me ofreció apoyo a cada paso del camino, realizando incluso las ilustraciones para este libro.

Y, finalmente, mi gran reconocimiento a David Hinds, a Verónica Randall, y al eficiente personal de Celestial Arts.

Introducción

Hace años, un amigo me dijo: «Louise, parece como si los humanos tuviésemos una metamorfosis invertida. Empezamos siendo hermosas mariposas, y luego nos convertimos en unas feas orugas. Pasamos el resto de nuestras vidas intentando recordar y convertirnos en las hermosas criaturas que una vez fuimos.» Nunca olvidaré aquellas palabras.

Cuando nacimos éramos unos seres inocentes, veraces; éramos confiados, abiertos y curiosos. Luego, con el inicio de las relaciones difíciles, los conflictos y las experiencias de vida, aprendimos que no es conveniente ser quienes somos. Nos adaptamos y nos ajustamos para encajar en la tierra de los gigantes que controlaban todos los aspectos de nuestra existencia. En este entorno poco seguro, nos protegimos y nos defendimos construyendo un capullo.

Este libro se basa en la premisa de que la autoestima es el sentimiento innato e incondicional de amor, seguridad y bienestar, que es crucial para nuestra salud mental.

A medida que nos vamos haciendo mayores, esta fuerza positiva se va enterrando bajo capas y capas de mecanismos de defensa. Sin embargo, la autoestima es nuestro derecho de nacimiento. El propósito de esta obra es ayudar a recuperar y a tener acceso al poder y la belleza profundos que todo ser humano —cada una de las criaturas de Dios— posee.

Sanarte a ti mismo, o a ti misma, implica estar dispuesto a mirar los agujeros y luego llenarlos para estar completo. Implica comprender lo que ha sucedido, abandonar las heridas y las inseguridades del pasado, y avanzar hacia un lugar mejor. Se fundamenta en la compasión por ti mismo, afirmando que siempre has estado bien —incluso cuando te sentías como una oruga humilde y laboriosa—. Recuperar la autoestima es un viaje para descubrir los restos de tu propia valía y coserlos todos a tus alas, el tapiz de tu vida.

Según Joseph Campbell, autor de *El Héroe de los Mil Rostros*, en el viaje arquetípico del héroe existen tres etapas para adquirir el poder espiritual: el distanciamiento del pasado, el encuentro con el poder y el retorno a su comunidad para participar de una nueva manera. Todo ritual humano importante comprende estas tres etapas, cada una de las cuales simboliza un cambio en tu posición en la vida. Y lo mismo sucede con este libro, organizado en tres partes para honrar estas etapas.

El viaje hacia la salud mental, espiritual y emocional lleva su tiempo, comprende distintas fases de crecimiento y de espera. Debido al ajetreo de nuestras vidas, he intentado escribir la presente obra como un sucinto paquete de semillas de ideas que pueden germinar y crecer dentro a medida que transcurre tu vida cotidiana.

Un diario puede ser un poderoso compañero en este viaje. Dedica algunos momentos de tranquilidad a escribir cuando necesites oír las voces que no sueles oír. Existen muchas formas de usar un diario. Puedes usarlo como si fuese tu mejor amigo, para compartir tus reflexiones y tus recuerdos. Puedes registrar, como yo lo he hecho, los puntos más altos y los más bajos de la semana. Utilízalo como una herramienta para recordar al niño o a la niña que solías ser; ese niño continúa estando ahí, la mariposa que puede estar disfrazada de oruga. Utilízalo como testigo para observar tu proceso de crecimiento día a día.

La mariposa inicia su vida como una oruga que se arrastra y se contonea. A medida que la naturaleza va siguiendo su curso, la oruga se transforma en un elegante insecto volador. La evolución hacia la madurez es un proceso natural y hermoso. En esta obra pasaremos por el ciclo de transformación en la dirección correcta —de oruga a mariposa—. La Primera Parte describe la infancia en una familia problemática establecida en una sociedad que nos enseña a temer, a odiar y a hacernos daño a nosotros mismos. Finaliza con el deseo de dejar atrás la vida de oruga. La Segunda Parte trata de cómo hacer un «capullo». Proporciona una serie de ejercicios para recuperar la autoestima y adquirir poder. Por último, la Tercera Parte es acerca de la realización de la transformación —ser una mariposa, aprender a volar y vivir la vida de una forma totalmente nueva.

PRIMERA PARTE

MARIPOSAS Y ORUGAS

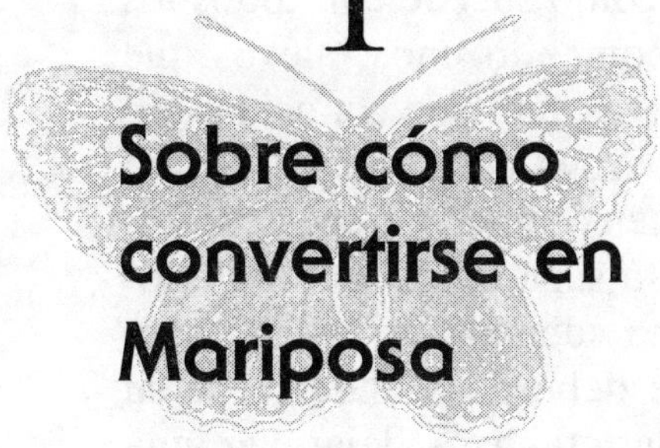

1

Sobre cómo convertirse en Mariposa

> «Debes desear tanto volar como para estar dispuesto a dejar de ser una oruga».
>
> TRINA PAULUS,
> *Hope for the Flowers*

El proceso de metamorfosis

Cuando empecé a ejercer de maestra de escuela, los niños de primer grado trajeron algunos capullos marrones muy grandes, los cuales permanecieron durante varias semanas sobre la mesa de ciencias, acumulando polvo. Un día de primavera, las actividades de la clase se interrumpieron con gritos cuando un capullo tras otro se empezaron a retorcer y a menear. Luego, cada una de las vainas se fue abriendo y una mariposa recién nacida se arrastró hacia la luz. Las criaturas desplegaron sus fláccidas alas, que se convirtieron en preciosos tapices. Día tras día fuimos testigos de este milagro de transformación. Si un capullo empezaba a mecerse al final del día, me lo llevaba a casa, incluso cuando salía a cenar, para no perderme su debut en el mundo.

El principal propósito biológico de las mariposas y las polillas es reproducirse (como sucede con todos los seres vivientes). Lo hacen poniendo unos huevos que rompen el cascarón como larvas, también conocidas como orugas. La tarea de una oruga en la vida es (como la de todas las cosas que crecen) comer y crecer, e ir eliminando capa tras capa de su ser más pequeño. Periódicamente, su cuerpo se torna «demasiado grande para sus calzones», de modo que debe desprenderse de su piel. La piel apretada se agrieta para dejar ver una nueva capa que lo mantendrá unido y lo protegerá hasta la siguiente etapa. Durante su etapa como larva, la mariposa monarca se deshace de su piel a rayas de cebra en cuatro ocasiones, aumentando su tamaño y su peso unas treinta veces. Entonces algo cambia. Guiada por un misterioso instinto o por una sabiduría interna, la oruga deja de comer abruptamente y entra en la siguiente fase.

Una vez observé esto en una oruga «mascota» que dejó de comer repentinamente y empezó a arrastrarse incansablemente por su jaula. Mi joven marido médico y yo le proporcionamos una rama que tenía tres robustas ramitas. La oruga la inspeccionó a fondo y se colocó en la coyuntura. Hilo a hilo, inició el largo e intenso proceso de tejer un hogar seguro para el invierno. Asiéndose con fuerza a la rama con sus patas inferiores, movía la parte superior de su cuerpo de un lado al otro, ajustando hebras en una ramita y luego en la otra, hora tras hora, hasta conseguir estar completamente envuelta en seda. A pesar de que nuestra oruga particular nunca había hecho esto antes, tejió su capullo como una profesional.

Nunca más volveríamos a ver a esta pequeña criatura con su antiguo aspecto.

Esta oruga en concreto era una polilla; una oruga de mariposa tiene una forma diferente de hacer las cosas. Cuando el momento es adecuado, sujeta su abdomen a la parte inferior de una hoja. Luego, con una serie de espasmos, rompe su piel exterior y elimina una última capa. La capa más interior se endurece convirtiéndose en una robusta armadura, llamada crisálida, la cual sirve de refugio acogedor para el insecto que crecerá durante los largos meses de invierno.

Para los observadores, nada parece suceder durante la etapa de crisálida. Pero este período de silencio y de retiro del mundo es en realidad una fase de intensa creatividad. La oruga terrestre se está transformando milagrosamente en una criatura alada del cielo. Este acontecimiento tan importante tiene lugar de acuerdo con la naturaleza, orquestado por el código genético de la mariposa y el ritmo de las estaciones.

Llegada la primavera, después de meses envuelta en su matriz de insecto, la fuerza vital se acelera: «¡Ha llegado el momento!» La criatura lucha por volver a nacer, utilizando toda su fuerza para salir de lo que una vez fue un acogedor capullo, o crisálida, pero que ahora es rígido. La primera aparición del adulto es desmelenada y húmeda. Las débiles alas yacen junto a su enorme cuerpo como un manto. Se contrae rítmicamente, luego descansa. Y otra vez. Con cada pulsación, un fluido es impulsado hacia las blandas alas, endureciéndolas. Después de una serie de contracciones e intervalos de descanso, levanta sus nuevas alas erguidas por primera vez, y espera a que se sequen. Con una última contracción, el exceso de fluido es expulsado del cuerpo. La mariposa se ha convertido en una magnífica obra de arte que siempre estuvo destinada a ser.

El propósito de la madura mariposa o polilla es traer más orugas al mundo para que la especie sobreviva. Sin embargo, también cumple un propósito más elevado dentro del tejido de la vida. Llena un nicho ecológico en la cadena de alimentación y poliniza las flores, contribuyendo al bienestar de todas las criaturas de la Tierra. Para aquellos que la ven, la mariposa aporta belleza al mundo. Además nos demuestra a los humanos que la transformación es una parte corriente y natural del proceso de la vida.

Muchos años después de haber dejado de ser maestra de escuela, hacia el final de un largo y difícil matrimonio, fui visitada en sueños por la imagen de una esplendorosa mariposa. Inusualmente grande y vellosa, era blanca como la nieve en la parte superior, con un vello rojizo por debajo. Tenía un cuerpo grande, antenas plumosas y una nariz delicada y sensible. Esta criatura mágica y misteriosa era mucho más que una mariposa. La imagen me conmovió profundamente. En la siguiente escena de mi sueño, se encontraba en un frasco letal, lleno de un líquido venenoso. Ya no era una mariposa, había mutado en un pequeño huevo que se encontraba en el fondo del frasco. El huevo dejaba salir lentamente pequeñas burbujas de aire que flotaban en la superficie.

Este vívido sueño me habló claramente. Las dramáticas imágenes reflejaban la metamorfosis inversa que había tenido lugar en mí. Con el transcurso del tiempo, la calidad de mi vida se había deteriorado. Mi autoestima estaba hecha trizas. Desesperada, abandoné mi matrimonio y mi rol de ama de casa.

A pesar de que yo era la persona más importante en las vidas de mis hijos, fuera de mi papel de madre me sentía como un cero a la izquierda. Sintiendo que no era nadie, yo no sabía que era importante, especial y capaz. Nunca soñé que tenía dentro de mí el potencial de la grandeza. Escondiéndose de mi consciencia, había un maravilloso plan para mi vida.

Cautamente, empecé a hurgar en el tejido de mi ser, examinando cada hilo. Hice la promesa de ser completamente honesta conmigo misma. La intensidad de este compromiso me llevó a trabajar con dos terapeutas y llenar cuatro diarios con mi escritura. Aquella fue la más intensa y profunda «limpieza primaveral» de mi vida. Yo deseaba desesperadamente comprender por qué —cuando yo había hecho todo lo que «se suponía» que debía hacer— había ido todo mal.

Durante esta búsqueda en el alma y este proceso de adquisición de poder, aprendí por primera vez algo acerca de la autoestima y cómo lograrla en mi vida. Gradualmente, empecé a descongelar los trozos helados de mi ser. Aprendí a descubrir y a diseñar una nueva relación conmigo misma, y también con mis hijos. Poco a poco, logré tener una sensación de valoración personal, de capacidad y de mérito.

En lo que pareció ser una búsqueda a tientas de nuevas formas de ser, me embarqué en el viaje intenso y extenso de mi propia transformación. Las mariposas —símbolo de transformación durante miles de años—

se convirtieron en el adorno decorativo de mi casa. Me recordaban que lo que parecía ser el final era, en realidad, un nuevo comienzo. Nunca sospeché que de una forma misteriosa y mística, yo estaba siendo empujada hacia una metamorfosis que me conduciría a unas alturas que nunca soñé posibles.

> *«Todo viaje tiene un destino secreto que el viajero ignora»*
>
> — MARTIN BUBER

2

El hogar de la oruga

> «Todo niño tiene el derecho inalienable de fundirse en unos brazos acogedores, siendo iniciado amablemente en una cultura afectuosa, permitiéndosele jugar libremente con los sentidos y la imaginación»
>
> SAM KEEN

Sistemas familiares disfuncionales

Regresé a la Universidad para obtener mi doctorado en psicología. Percibí que el hilo conductor entre todas las enfermedades mentales es la falta de autoestima. Cuando empecé a investigar cada vez más sobre este tema, me di cuenta de que la estructura crucial para la autoestima se crea en los primeros años. O naces en una familia que te valora y te adora y satisface tus necesidades básicas, o naces en una familia disfuncional.

Los sistemas familiares disfuncionales o enfermizos son el caldo de cultivo de problemas para toda la vida; durante la infancia, los nudos del dolor se atan y a menudo se van ajustando a medida que maduramos. La experiencia de un niño pequeño, o una niña pequeña, está, por lo general, restringida a su familia de origen. Los patrones de relación —con uno mismo, con los padres y los hermanos, con la vida misma— se aprenden ahí y son considerados «normales». Si todo lo que conocemos es un modelo enfermizo, asumimos que es así como las familias «están supuestas» a ser. Y, como los patrones familiares tienden a repetirse, los problemas pasan fácilmente de una generación a la siguiente.

Los padres de las familias disfuncionales suelen tener ciertas características:

- No se aceptan completamente a sí mismos o a los demás.
- Abusan emocionalmente, físicamente o sexualmente de sus hijos; o son negligentes —mostrándose desinteresados, no disponibles o ausentes.
- No se preocupan por sus propias carencias y necesidades o las de los demás.
- Están necesitados y esperan que sus hijos satisfagan sus necesidades.
- No saben cómo manejar sus sentimientos e intentan evadirlos.
- Pueden ser perfeccionistas; para ellos los errores son un fracaso absoluto.
- Las adicciones suelen ser corrientes.
- Son inconsistentes, arbitrarios, impredecibles y caóticos —o rígidamente autoritarios.
- Tienen poca autoestima.

Los patrones de comunicación de estos padres tienden, también, a tener las siguientes características:

- No escuchan a los demás. Más que responder, reaccionan.
- Sus palabras son críticas y dañinas, y están cargadas de juicios, desánimo, humillación e insultos.
- Suelen ser «Comentarios Tú» («¡Tú eres idiota!» «¡Tú siempre...» «Tú nunca...»)
- Tienden a ser agresivos (matones) o pasivos (felpudos).
- Sus decisiones y actos se basan en el miedo, la rabia y el dolor —no en el amor.
- No alientan ni respetan las fronteras —ni las suyas, ni las de los demás.

Estos comportamientos problemáticos pueden no ser considerados problemas. O, pueden ser reconocidos como tales y luego negados debido al dolor, la complejidad, o la falta de capacidad para enfrentarse a ellos. Sin embargo, el diagnóstico, según los médicos, es el 90 por ciento de la curación. Únicamente cuando los problemas son reconocidos, pueden ser discutidos y resueltos.

En la mayoría, si no en todas, de las familias con problemas, algunos de sus miembros están dispuestos a ver los conflictos o son capaces de hacerlo, mientras que otros no. Existen muchas formas de responder al dolor crónico. Un niño, por ejemplo, puede notar que sus padres tienen problemas, mientras que otro se puede sentir culpable o responsable. ¿Cómo respondiste tú?

Cuando mi marido y yo estábamos recién casados y locamente enamorados, decidimos que no tendríamos problemas «como otras parejas». Con las mejores intenciones y la mayor ingenuidad, asumimos que el matrimonio significaría «y vivieron felices para siempre», como nos habían llevado a creer. No éramos capaces de ver que esta suposición era la semilla de la decadencia de nuestra relación. Como habíamos acordado desde el inicio ignorar nuestros problemas, nunca podíamos hablar de las raíces de nuestro descontento. Esto pareció funcionar durante un período muy largo, pero nuestra presunción de felicidad no podía durar. No nos dimos cuenta de que cuando niegas tus problemas renuncias a tu capacidad para superarlos.

¿Qué sucede cuando llega la cigüeña trayéndole un regalo a parejas jóvenes tan confundidas o confusas? ¿Qué se siente nacer en una familia que no sabe cómo enfrentarse a las dificultades? Imaginemos a Teresa, una pequeña y hermosa mariposa que, después de haber volado con los ángeles, aterriza de repente en un escenario así. No necesita mucho tiempo para darse cuenta de que algo no va bien. Pronto comprueba, de hecho, que algo va muy mal.

Todos llegamos al mundo con unas necesidades bastante sencillas: ser protegidos, ser alimentados, ser amados incondicionalmente, y pertenecer. ¿Es esto pedir demasiado? ¿Qué le sucede a la pequeña Teresa? Tiene hambre. Llora y llora, deseando que alguien la tome en sus brazos, la alimente y satisfaga sus necesidades. Puede ser que esto suceda o no. Sus padres pueden ser o no ser capaces de hacerlo, por razones que nada tienen que ver con Teresa.

Cuando no la tratan bien, ella llega a la conclusión de que sus necesidades no son importantes, que ella no es digna de ser querida, que no puede confiar en que sus padres asumirán su papel. Pero, aún así, ella tiene que depender de ellos para su supervivencia. Sabiendo que algo anda mal, y al mismo tiempo necesitando creer que sus padres están bien, podría llegar a la conclusión de que ella es el problema. Algo anda mal en ella. Su sentido original de valoración de sí misma se evapora al comprender esto. Todo lo que ella pueda llegar a hacer a partir de entonces podría ser un intento de esconder su sensación de no valer o de vergüenza, y de convencerse de que en realidad no hay nada malo en sí misma.

¿Te sucedió esto a ti? Sumando dos y dos en tu mente preverbal y prematemática, puedes haber llegado a la conclusión de que tus padres —esos gigantes que todo lo sabían— te estaban tratando como te merecías. Esta creencia se formó antes de que tú pudieses votar, antes de que fueses capaz de cruzar la calle solo/a, antes, incluso, de que pudieses alimentarte por ti mismo/a.

Y luego creciste, y mantuviste estas creencias. Que eras una carga. Que no se te permitía hablar de tus sentimientos ni de tus problemas ni de tus necesidades. Que no te merecías un amor incondicional. Enterradas bajo tus últimas experiencias, estas creencias se interpusieron en el camino de tu potencial como mariposa.

Nuestras primeras decisiones, conclusiones y creencias tienen el impacto más profundo en nuestras vidas. Quizás ni siquiera lleguemos a saber que las tenemos porque están formuladas por nuestra mente preconsciente y se encuentran más allá de nuestra percepción consciente. Sin embargo, para bien o para mal, estas primeras «verdades» acerca de nosotros mismos, de nuestros padres y de nuestro mundo dan forma a toda nuestra vida.

Los niños de sistemas familiares con problemas tienden a desarrollar las siguientes características:

- No pueden depender de sus padres, ni confiar en ellos, para que satisfagan sus necesidades, para que los amen, para que los protejan. En lugar de eso, se espera que ellos satisfagan las necesidades de sus padres.
- Su desarrollo emocional se detiene.
- Llegan a la conclusión de que no están seguros siendo quienes son en realidad, de modo que simulan ser alguien que no son.
- Son miedosos e inseguros.
- Pueden encontrarse a gusto en medio del caos, la excitación, el drama y la crisis, y crear estas situaciones en sus vidas.
- Habiendo sido víctimas de abusos, pueden repetirlo consigo mismos y/o con los demás.
- Al carecer de una sensación de poder personal, esperan que los demás les digan cómo deberían ser, o buscan tener poder sobre los demás.
- Sienten una amplia gama de intensos sentimientos negativos como miedo, vergüenza, abandono, rabia, resentimiento, desconfianza, falta de respeto, falta de valía, falta de poder, soledad y aislamiento y, no obstante, no saben qué hacer con estos sentimientos.
- Han perdido el respeto por sí mismos y tienen poca autoestima.

Estos estados del ser no tienen lugar de forma automática, y no le suceden a todo el mundo. Empezaste siendo una hermosa mariposa, consciente de la belleza de tu propia vida. Pero tu familia resutó ser disfuncional, oiste toda clase de mensajes extraños, feos, acerca de ti mismo o de ti misma. Estos mensajes eran difíciles de creer, de modo que al principio los ignoraste. Quizás consideraras la posibilidad de utilizar tus alas para regresar a los cielos, pero decidiste no hacerlo porque amabas a estas personas. De manera que llegaste a la conclusión de que lo mejor era cambiar y adaptarte a la situación.

Tomaste algunas decisiones. Quizás decidieras confiar en tus padres en lugar de confiar en ti mismo/a, o quizás decidieras que en realidad no podías confiar en nadie (incluso si tu vida dependía de ello). Quizás decidieras que uno no puede hablar de lo que siente, quiere o sabe (porque los padres y/o los adultos no quieren o no saben cómo escuchar). Y podrías haber llegado a la conclusión de que tus sentimientos no eran aceptables. Al no saber qué hacer con ellos, intentaste acallarlos.

Los niños de familias con problemas necesitan protegerse de alguna manera, defenderse y aislarse de su entorno hostil. En lo más profundo quizás tengan un vago recuerdo de un capullo seguro y cálido, de modo que van creando capas y capas de armadura y protección. Estas capas crean los siguientes problemas internos comunes en muchos niños de familias disfuncionales:

- Una necesidad de control. Luchando por sobrevivir en un mundo atemorizante, aprenden a controlar y a manipular a los demás y a sí mismos. Controlan sus sentimientos, comportamientos y pensamientos, y su expresión externa. Lo imprevisible y el caos de la vida real hace que estén alerta en todo momento. La hipervigilancia provoca un estrés crónico, el cual produce un nivel muy elevado de hormonas de estrés incluso mientras descansan. Estas hormonas de estrés pueden resultar físicamente adictivas.

- Exceso de responsabilidad. Los niños se toman todo de un modo personal. Creen que están siendo tratados como se merecen ser tratados. Los niños maltratados se imaginan que se lo merecen. Palabras como «Me haces enfadar» pueden darles una sensación inflada y poco realista de su poder y responsabilidad sobre las emociones y actos de los demás. Incluso pueden llegar a sobregeneralizar hasta un punto en que crean que son responsables de todos los problemas de la familia. Se empiezan a formar capas y capas de confusión, culpa y vergüenza, sin que nunca se comprenda ni se perdone nada.
- Falta de confianza. Si las personas a las que más quieren no están ahí cuando las necesitan, los niños de familias poco sanas pueden aprender que no pueden confiar en sus padres —de quienes depende su existencia misma—. Cuando les dicen que dejen de mentir, que se callen y que dejen de llorar, aprenden a desconfiar de sus propias percepciones, de sus sentidos, de su intuición, de sus sentimientos, y de su Yo. Son obligados a cerrar estas guías tan importantes para conocerse a sí mismos y para ser ellos mismos, y

para vivir en este planeta. Esto los llena de perplejidad y confusión y alza una pared entre ellos y el mundo.

- Eludir los sentimientos. Los bebés y los niños pequeños son totalmente transparentes. Cuando están felices, todo su cuerpo se llena de risa; cuando lloran, es como el fin del mundo y todo el mundo se entera. Muchos padres, por otro lado, no saben qué hacer con sus propios sentimientos, de manera que tampoco saben qué hacer con los sentimientos de sus hijos. Pueden acabar enseñándoles que los sentimientos están mal, que son malos, poco importantes y/o que dan miedo. «¡Los niños grandes no lloran!» «¡Las niñas buenas no se enfadan!». O quizás intenten manipular los sentimientos del niño. «Dame un beso y te perdono». «¡Deja de llorar o yo te haré llorar!». Los niños aprenden que hay que esconder, ignorar, reprimir, negar, minimizar y/o eliminar los sentimientos. En este estado de contradicción y represión, su «alambrado» puede enredarse, y la intuición y el funcionamiento humano saludable pueden perderse en el enredo.
- Ignorar las necesidades personales. La tarea de los padres es satisfacer las necesidades básicas, físicas y emocionales de sus hijos. Los padres con problemas emocionales, sin embargo, no lo hacen. Incluso pueden llegar a esperar que sus hijos satisfagan sus necesidades —algo que los niños no son capaces de hacer—. De modo que los niños aprenden que no es conveniente tener necesidades; sus necesidades son una carga para

los demás. Si sus necesidades son satisfechas, puede haber cuerdas atadas. Podrían sentirse culpables por tener necesidades, y simular que no las tienen. Cuando se cansan de desilusionarse, dejan de pedir, dejan de desear, dejan de necesitar.

- Una autoestima extremadamente baja. En su mundo de promesas rotas, sus necesidades son minimizadas o ignoradas. A los niños les cuesta confiar, ver las cosas con claridad y creer en sí mismos. Como resultado, los niños sienten que no valen nada. Si ésta fue tu historia, quizás tengas dificultades incluso ahora para darte cuenta de que tienes derecho a:
  - ser tratado/a bien
  - establecer tus límites
  - ser feliz

Durante mis trece años como madre que se quedaba en casa, a tiempo completo, me esforcé muchísimo por comprender y cambiar los patrones disfuncionales que aprendí de mi familia de origen. Deseaba realmente hacerlo mejor con mis propios hijos, y ser la madre que me hubiese gustado tener. Me tomé mis roles de esposa y madre muy en serio y disfruté viendo a mis hijos crecer en gracia, en fuerza y en belleza. Mi marido y yo derrochamos muchísimo amor sobre nuestros hijos. Cuando llegó el momento de la separación, yo estaba convencida de que sus años formativos habían sido muy saludables, y que los habíamos preparado bien para la vida. Debido a que ya no podía estar con ellos a diario, deseé y rogué a Dios que estuvieran bien.

Pero el cambio había de venir, y este tumultuoso cambio fue muy difícil; todo estaba patas arriba. Hubo una lucha por la custodia. Al final se llegó al acuerdo de que continuarían viviendo en su casa y asistiendo a sus escuelas, mientras que yo me mudaría a una ciudad cercana para continuar mi educación y darle un sentido a mi vida.

Mi ex marido se casó con una mujer que ya tenía tres hijos. El reto de juntar a dos familias resultó ser difícil para todos los implicados. Después de un tiempo, empecé a oír las historias que me contaban mis hijos de que sus vidas estaban cambiando de forma dramática. Había una gran tensión, frustración y falta de comunicación, lo cual producía frecuentes conflictos. Reconocí que era una situación dolorosa para ellos, pero que yo no podía estar ahí como lo había estado antes.

Ya no sentían que podían confiar en los adultos de su casa ni hablar sobre sus problemas y sentimientos con ellos. Aprendieron a aislarse y también desarrollaron estrategias de supervivencia. Por ejemplo, para satisfacer su necesidad de pertenecer a algo, se unieron a grupos de la iglesia, a clubes juveniles, a equipos y a la orquesta del colegio. «Adoptaron» a otras personas como miembros de su familia para llenar los huecos. Descubrieron una gran capacidad de adaptación y encontraron maneras de cuidar de sí mismos.

Yo estuve muy en contacto con ellos durante esta época. Al oír sus historias y sus sentimientos y recordar el dolor de mi propia infancia, intenté ayudarles a comprender lo que estaba sucediendo y les ofrecí tanto apoyo como pude. En la universidad, mis estudios se convirtieron en una búsqueda de los ingredientes para lograr familias sanas y de las maneras de construir la autoestima en los niños. Nunca soñé que estos acontecimientos traumáticos eran los ladrillos de mi transformación y la fuente de mi pasión por ayudar a familias y salvar las vidas de niños.

Al saber que mis propios vástagos ya no se estaban desarrollando de la misma forma relajada y saludable que cuando eran pequeños, me preocupaba que no pudiesen dar los últimos pasos agraciados necesarios para convertirse en adultos saludables e independientes. Finalmente, mis dos hijos mayores se mudaron para asistir a la universidad y el menor vino a vivir conmigo. Para cada uno de ellos, en muchos sentidos, su juventud ha sido un proceso de intentar ponerse al día consigo mismos. Mi propio proceso —que llegó incluso hasta la mediana edad— fue paralelo al suyo. Luchábamos para crecer a nuestro modo.

En toda área del desarrollo, ya sea personal, interpersonal, económica, artística, emocional, física, espiritual o social, existen etapas por las que uno debe pasar. La vida es un proceso de tránsitos, de deshacerse del antiguo conocimiento y reemplazarlo por uno nuevo. En algunos procesos, como tocar el piano o aprender a cocinar, los pasos hacia el perfeccionamiento nos resultan más claros. Tienes que practicar, practicar, practicar. Pero las habilidades para vivir la vida no son siempre tan obvias.

Es importante que la estructura para el desarrollo humano sea sólida. Para construir cualquier cosa, una casa, por ejemplo, debe completarse con éxito cada etapa antes de pasar a la siguiente. Una estructura firme debe afianzarse antes de que se empiece a construir el armazón o la instalación eléctrica. En el caso de los seres humanos, la estructura de la salud mental reside en los primeros años formativos. Cuando los niños se pierden lo fundamental, sus estructuras se mueven continuamente debajo de ellos, como casas construidas sobre arena. El no llegar a completar las importantes labores de desarrollo durante los primeros años de la infancia es la base para la codependencia.

Muchos padres manejan sus vidas con bastante éxito y son capaces de enseñarle a sus hijos lo que saben. No obstante, los tiempos pueden cambiar con tanta rapidez que sus conocimientos pierden toda su relevancia. Otros, sencillamente, carecen de habilidades importantes para la vida. Sea cual fuere el tipo de padres que tuviste, podrías haber recibido una información limitada para averiguar cómo sobrevivir tu niñez y, en consecuencia, te perdiste aspectos importantes de tu desarrollo.

Las labores de la infancia incluyen el desarrollo de la confianza, la autonomía, la iniciativa, la productividad, la identidad, la intimidad y la integridad. Estas son las cosas que todo niño debe aprender para convertirse en un adulto sano. Si tú no aprendiste estas habilidades básicas para la vida siendo niño o niña, no serás capaz de resolver los problemas adultos con gracia. Si no completaste este trabajo de los primeros años, entonces cada problema —no importa cuán grande o pequeño— podría dar lugar a una crisis importante para ti.

Quizás en ocasiones te hayas sentido como un trozo de queso suizo, sintiendo un montón de agujeros en tu vida que no sabías cómo llenar, demasiados puntos vacíos, demasiados cabos sueltos y piezas que faltan.

Al intentar llenar estos agujeros, quizás hayas tomado decisiones que te parecieron correctas en su momento, pero que se convirtieron en adicciones que paralizaron aún más tu desarrollo y atrofiaron tu crecimiento.

Para poder ser una persona entera, uno debe identificar y llenar estos agujeros en el desarrollo con las cosas adecuadas. ¿Cuáles son estas cosas? ¿Te perdiste alguna de ellas?

- Unión y amor incondicional
- Cuidados y protección
- Aceptación y respeto
- Protección y límites
- Confianza en uno mismo/a y en los demás
- Comodidad con los sentimientos
- Satisfacción de las necesidades personales
- Intuición y espiritualidad
- Estímulo, apoyo de los demás, y hacia uno mismo (conversar con uno mismo)
- Técnicas de comunicación: habilidades para escuchar y para hablar
- Tiempo cualitativo con otras personas
- Seguridad de sí mismo, habilidades para pedir y rechazar
- Responsabilidades saludables, individuales y compartidas
- Expectativas elevadas (aunque alcanzables) y claras
- Consciencia de uno mismo, cuidado de uno mismo, amor por uno mismo

Los niños con una gran autoestima han completado las labores de formación de la identidad que les permiten disfrutar de estas cosas en sus vidas adultas. Tienen capacidad de adaptación. Son eficaces en su trabajo, en el juego y en las relaciones. Los niños que carecen de la autoestima que permite esta eficiencia son los que corren el riesgo de tener problemas con el alcohol o con las drogas.

Ahora ponte, una vez más, en el lugar de la hermosa mariposa. Imagina cómo hubiese sido distinto si:

- Tus padres te hubiesen dado la bienvenida y adorado, y si tus parientes y vecinos hubiesen bailado y celebrado tu sagrada llegada.
- Hubieses podido confiar en que tus padres se ocuparían de tus necesidades básicas.
- Hubieses sabido que tus padres podían protegerte de cualquier daño y lo hacían.
- Tus padres hubiesen tenido en mente lo que más te convenía, y te hubiesen ayudado a desarrollar tu juicio y tus habilidades intuitivas.
- Tus padres hubiesen comprendido tu necesidad de explorar y te hubiesen dado la libertad y los límites para hacerlo sin peligro.
- Tus padres te hubiesen respetado y amado por lo que eras, y te hubiesen enseñado a respetarte a ti mismo/a.
- Tus padres hubiesen sido individuos saludables y felices que te hubiesen escuchado y ayudado a enfrentarte con tus sentimientos.
- Tus padres hubiesen compartido contigo su sabiduría y acogido la sabiduría que tú también tenías para compartir y hubiesen respetado tus fronteras.

En una situación así, hubieras aprendido a aceptarte, a amarte y a respetarte; a confiar, a cuidarte y a protegerte. Hubieses aprendido a ser consciente de tus necesidades y a satisfacerlas. Tu estilo de comunicación contigo mismo/a y con los demás sería directo, estimulante, compasivo y positivo. Sabiendo que no corrías peligro, podrías ser honesto/a, espontáneo/a y creativo/a; podrías ser quien realmente eres. Tendrías ganas de bailar —no de luchar, sino de volar— no de arrastrarte por la vida. Tu autoestima reflejaría la alegría que sentirías por estar vivo o viva.

Los patrones familiares tienden a repetirse hasta que tomamos consciencia de ellos, hasta que nos sentimos lo suficientemente incómodos como para romper el ciclo. Toma tiempo crecer más allá de los hábitos y de los cables cruzados de la infancia. Muchas personas que carecieron de importantes nutrientes psicológicos siendo niños tardan en florecer. Llenan sus áreas deficientes siendo adultos y aprenden nuevas habilidades. Al despojarse de las capas de piel de oruga con las que se han protegido, inician una metamorfosis hacia una vida adulta saludable. Reconocer y sanar las heridas de la niñez permite la recuperación total de la autoestima. Nunca es demasiado tarde para convertirte en la magnífica persona que estabas destinado a ser.

Las orugas no saben que están destinadas a ser mariposas. Sin embargo, existe un plan oculto en lo más profundo de su código genético, mucho más allá de la consciencia, que las guía a través de las etapas de la metamorfosis. Ese vago y profundo recuerdo de la mariposa que solías ser te guiará también a lo largo de tu transformación si tú lo permites, si tú lo honras, si aprendes a confiar en él. Volverás a descubrir tus alas y éstas te llevarán hasta alturas con las que nunca antes habías soñado.

«Todos empezamos siendo perfectos. Empiezas a ver que la gente se tuerce cuando sus sentimientos naturales son reprimidos».

ELIZABETH KÜBLER ROSS,
THE FUNCTION OF FEELINGS

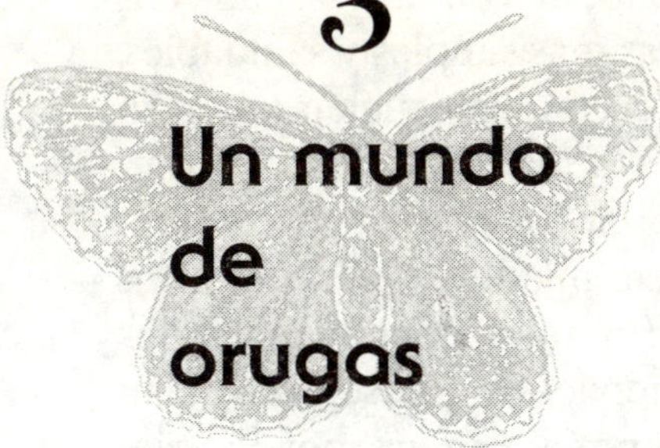

3
Un mundo de orugas

> «De toda crisis surge la opción de renacer, de volver a crearnos como individuos, de escoger el tipo de cambio que nos ayudará a crecer y a realizarnos de una forma más completa».
>
> NENA O'NEIL

Sistemas sociales disfuncionales

Por naturaleza, los niños son muy impresionables porque tienen tanto que aprender para prepararse para el resto de la vida. Ansiosos por conocer su mundo y aprender a estar en él, lo absorben todo. Buscan amor, protección, atención y orientación en sus padres y en los adultos que hay en su vida. Si no encuentran esto en su familia, buscarán respuestas de cualquier origen con el fin de satisfacer sus necesidades, su curiosidad o, sencillamente, para sobrevivir. Los niños son inocentes y creen las «verdades» que su experiencia les proporciona —ya sean verdad o no.

Los jóvenes necesitan un contacto significativo y a largo plazo con adultos que se preocupen por ellos y los ayuden a comprender todos los mensajes conflictivos y confusos que el mundo les ofrece, para desarrollar habilidades sociales, y para aprender a confiar en sí mismos durante el proceso. En culturas más simples y saludables, todos los miembros adultos de un clan suelen tener en mente los más altos intereses de la comunidad, y comparten las responsabilidades por los niños. Las comunidades «alternativas» también pueden tener entornos sanos para el crecimiento. En tales comunidades, los padres, las familias y otros individuos que se preocupan tienen una misma visión y proporcionan un apoyo al bienestar de los niños. «La crianza de los niños se encuentra amenazada a medida que las familias extensas van desapareciendo, ambos padres trabajan, y cada vez más niños dependen de un único progenitor», dice Marian Wright Edelman, presidente del Children's Defense Fund: «Hace falta una comunidad para criar a un niño.»

En nuestra cultura, orientada hacia una familia nuclear, sin embargo, en la cual «normal» significa un padre, una madre y 1,9 hijos, las cosas son muy distintas; los niños tienen menos perspectivas adultas que los influencien, y un contacto limitado con el resto de la familia y los vecinos. Y con cada vez más niños que están siendo criados por un solo progenitor, hay menos tiempo familiar si los padres trabajan. Como resultado, tienen menos modelos de la vida real de los cuales aprender habilidades sociales y comportamientos apropiados.

Los niños observan y aprenden de todo y de todos: padres, amigos, medios de comunicación, religión, profesores y libros. Confiando en el mundo, lo absorben todo y se lo creen, especialmente cuando son jóvenes.

Unos padres bien intencionados nunca eligirían poner a sus hijos en la Escuela de los Golpes Duros. Sin embargo, el mundo está lleno de peligros. Niños inocentes son tentados, explotados y manipulados para que prueben el tabaco, el alcohol y otras drogas; se les enseña a ser buenos consumidores —no buenos ciudadanos— y a utilizar los bienes materiales para conseguir lo que quieren. Se les enseña la competencia social, el perfeccionismo y la codicia; están rodeados de promiscuidad y expuestos a la violencia, a la dominación y a la victimización todos los días de su vida. No se dan cuenta de que el anunciador quiere un pedazo de ellos, y que algunas cosas pueden destrozar a una persona, a una familia o a una comunidad.

Los niños deberían pertenecer a familias que les sirvan de santuario y de cojín contra el mundo. Los padres pertenecen a una sociedad y forman parte de un mundo más grande. A veces los padres son un canal hacia una sociedad más amplia, a veces son un escudo contra ella. Lo ideal es que actúen como filtros, orientando a los hijos y enseñándoles a evitar la basura tentadora. Las muchas perspectivas que ofrecen los medios de comunicación necesitan ser inspeccionadas cuidadosamente.

Los mitos culturales y los valores de los medios de comunicación masivos atiborran las mentes con una información errónea que puede llevar a la gente a la frustración, la alienación y el dolor. Una sociedad adictiva depende de las familias disfuncionales. Enseña a los niños a relacionarse consigo mismos y con los demás de formas enfermizas para mantener el ciclo en movimiento.

Una sociedad sana, por otro lado, enseña a los ciudadanos a cuidar de sí mismos y de los demás, a ser responsables y a preocuparse por el bienestar común. Una comunidad sana se preocupa por los jóvenes, los protege y los cuida. Los pequeños necesitan que unos cuantos adultos cariñosos los guíen y los templen, que les muestren decencia, compasión y amor. Las habilidades vitales esenciales que los niños aprenden de sus modelos los ayudarán a ser adultos seguros, saludables y cariñosos.

Cuando finalmente tomé la decisión de dejar atrás mi dolorosa vida de oruga, uno de los mayores obstáculos que tuve que superar fue mi propia autocrítica. Me educaron para que creyese que el único camino apropiado para la vida de una mujer era el que yo transitaba —el de esposa y madre—. Mis padres tuvieron, ambos, una educación escolar en Alemania y no valoraban la educación superior, especialmente para chicas. No creían que yo necesitara una educación para encontrar marido y tener bebés. Tuve que vencer su resistencia para poder ir a la universidad.

Yo tenía únicamente un familiar que había recibido una educación. Ella era maestra y directora de colegio. Como modelo a seguir, me inspiró y me ayudó a convencer a mis padres de que me diesen el permiso que buscaba. Mi breve carrera como maestra de escuela primaria era considerada algo temporal hasta que mi «verdadera» carrera como madre se iniciara. Mis padres sintieron un gran alivio cuando nació mi primer hijo. Por lo tanto, cuando me divorcié de mi marido después de dieciseis años de matrimonio, el peso de todas sus creencias estaba en mi contra. No estaba «bien» que yo quisiera ser algo más que un ama de casa.

De formas sutiles y agresivas nos enteramos de los valores y los juicios de nuestras familias, escuelas y de nuestra sociedad en general. Como niños, aprendemos quién y qué está bien y quién o qué no lo está. La lista de lo que está «bien» suele ser con demasiada frecuencia muy corta: ser hermosa o guapo, y popular; ser rico y blanco. Habéis oído el dicho: «Nunca se es demasiado rico ni demasiado delgado.» Según estos cánones, ¡pocas personas, si es que hay alguna, están realmente ¡«bien»! Hasta las modelos más exitosas y hermosas que nos son mostradas como estándares de perfección tienen poca autoestima; conocen sus lunares, sus verrugas y otros defectos que han sido retocados en la foto. Tienen dudas internas y demonios al igual que el resto de nosotros.

La lista de lo que «no está bien», por otro lado, puede ser extensa. De niños, quizás aprendimos a mirar por encima del hombro (y a despreciar) a cierta gente:

• extranjeros • gente de color • los que hablan de otra forma • miembros de otras iglesias • «pecadores» • los pobres • gente demasiado alta o demasiado baja • mujeres y niñas que nos son «hermosas» • niñas que son más listas que los niños • gente que no encaja en las definiciones rígidas del rol de su sexo • gente que viste a la moda del año pasado • gente con problemas de alcoholismo, de incesto, de abusos o con un suicidio en su familia • gente sin hogar • gente que come con el tenedor equivocado • hombres y mujeres divorciados • gente que vive de la asistencia social • veteranos de Vietnam • gente incapacitada, deforme o minusválida • homosexuales • gente con cáncer, SIDA u otras enfermedades crónicas o mentales • gente gorda • ancianos • niños y adolescentes • gente tímida • matones •

gente que no tiene un «buen» coche • gente con los dientes mal, con mal aliento o mal olor •

Probablemente podrías añadir cosas a esta lista. Continúa aumentando y cambia con cada generación, cada cultura, cada subcultura y con cada familia.

Además de esta lista de características de lo que no es aceptable, estamos observando la explotación y el abuso frecuente de niños, mujeres y de la Tierra. Somos conscientes de los horrores de la guerra y del diezmamiento de los nativos, los cuales atormentan a víctimas y a «victoriosos» por igual. Vemos sistemas injustos que explotan y esclavizan a la gente y añaden más capas a la sombra de vergüenza que pesa sobre nuestros corazones. La colección de vergüenzas familiares, culturales y religiosas pasa de generación en generación. Suele ser demasiado difícil encontrar un pie orgulloso sobre el cual sostenernos.

Al crecer, interiorizamos los numerosos «pecados originales» que demostraban que no valíamos nada, que no estábamos «bien». Quizás hayamos aprendido a sentirnos avergonzados de nuestros cuerpos y almas, de nosotros mismos y de nuestras familias, de nuestra raza o grupo étnico. Mis padres habían abandonado Alemania por no querer formar parte del Reich de Hitler. Aún así, durante la guerra, mi familia fue acusada de ser nazi. De niña, tenía pesadillas llenas de confusión, culpa, vergüenza y miedo relacionados con ello, que yo no comprendía.

También podemos aprender a sentirnos avergonzados desde nuestras familias, nuestras iglesias, nuestras escuelas y nuestros grupos de iguales. Nadie se libra de los sentimientos de vergüenza. Todo el mundo tiene esqueletos en su armario personal, familiar o cultural, o siente que está «dentro del armario» con relación a algo secreto o vergonzoso. Sin embargo, es muy difícil aceptarnos y amarnos a nosotros mismos y tener una elevada autoestima si creemos que somos defectuosos.

Para tener salud mental, familias sanas y sociedades sanas, todo hombre, toda mujer y todo niño necesita tener una autoestima positiva —un verdadero sentido de valía personal—. No obstante, hemos creado una tradición largamente establecida en la sociedad de convencernos de que no valemos. El aspecto más devastador del problema es que la vergüenza está mayormente conectada con quien somos —lo cual no podemos cambiar—. No podemos cambiar nuestra nacionalidad, nuestro color ni nuestra altura, por ejemplo. Al sentirnos defectuosos, quizás hayamos rechazado ciertas partes que «no están bien» de nosotros mismos, como nuestra familia, inteligencia, espiritualidad, orientación sexual, nuestro cuerpo o incapacidad. El despojarnos de ciertas porciones de nosotros mismos —desmembrando facetas de nuestro carácter, nuestra historia o de nuestra personalidad— nos atrapa en la impotencia, la confusión y la desesperación. Al rechazar partes de nosotros mismos, perdemos integridad y la sensación de estar enteros.

Al no querer sentir el peso de la carga original de «no estar bien», intentamos esconder nuestra vergüenza de los demás, incluso de nosotros mismos. Podemos volvernos poco honestos y simular ser alguien que no somos. O podemos intentar cargar con el peso y disculparnos a lo largo de nuestra vida. Quizás intentemos compensarlo y nos desgastemos intentando borrar la vergüenza. Quizás pensemos que si pudiésemos ser «perfectos», entonces estaríamos bien. Si pudiésemos hacer que el mundo fuera perfecto, entonces estaría bien. Podemos volvernos controladores e intentar forzar las cosas para que sean como creemos que deberían ser. Podríamos crear expectativas inalcanzables y luego fracasar, lo cual nos demuestra lo que siempre supimos —que realmente somos defectuosos.

No importa lo que hayamos intentado hacer, parece como si se hubiesen añadido más y más capas para sobrecargar a nuestro corazón y nuestra alma y dañar nuestra autoestima. Perdimos la confianza en nuestra familia. Perdimos la confianza en nuestra sociedad. Perdimos nuestra fe. Un hombre que conozco se lamentó: «Yo valía tan poco que no le gustaba ni a Dios. Él me abandonó. Decidí que no podía haber un Dios; ¿cómo pudo haber permitido que esto me sucediera a mí?». Perdimos la confianza en nosotros mismos —en nuestros juicios, en nuestros sentimientos y en nuestra intuición— y creamos más agujeros en nuestro ser. Creamos un engaño para borrar nuestra vergüenza. La lucha por mantener algunos restos de valía o autoestima se convirtió en algo constante.

Mientras que las orugas están masticando, disfrutando de sus esfuerzos por crecer y desprendiéndose de su vieja piel, nosotros estamos añadiendo capas de dolor y defensas a nuestras vidas. El peso de esta «protección» puede haber congelado nuestro desarrollo hacia un estado de limbo como el del capullo.

Toda persona desea y necesita sentirse importante, capaz, digna de amor y valiosa. Para poder recuperar la autoestima, debemos estar dispuestos a ir de la vergüenza y el rechazo de nosotros mismos, hacia la aceptación y el amor por nosotros mismos. No somos seres profanos, sino sagrados. Si hemos pecado, es porque hemos olvidado que somos bienaventurados. Hemos comprado una lista de bienes que nos ha enfermado. No hemos dado en el blanco. Nos han convencido de que estamos supuestos a ser orugas para siempre, y no transformarnos nunca en mariposas.

Sin embargo, ahora tenemos la oportunidad de mirarnos a nosotros mismos con nuevos ojos, de reclamar y «remembrar» las partes faltantes de lo que somos. Somos dignos de amor. Somos valiosos. Somos apreciados. Estamos bien tal como somos y siempre lo hemos estado. Hemos hecho lo mejor que podíamos, considerando la información que teníamos en el momento.

Ahí donde hayamos hecho las cosas mal, podemos hacerlas bien. Donde hayamos cometido errores, podemos enmendarlos. Donde hayamos causado algún daño, podemos reconocerlo y aprender a sanar. Y ahí donde seamos inocentes, podemos atesorarlo, no esconderlo.

Imagina lo distinto que sería el mundo si:

- Tu madre y tu padre te hubiesen dado libertad para desplegar las alas de tu espíritu mientras te protegían y te mostraban los peligros y las trampas sin asustarte.
- Hubieses tenido tías y tíos, hermanos y hermanas, vecinos, maestros y amigos que se hubiesen preocupado por ti y te hubiesen ayudado a aprender las habilidades para la vida que necesitabas saber.

- Los adultos importantes en tu vida te hubiesen dedicado su atención y apoyo totales en las cosas que deseabas hacer, y te hubiesen ofrecido la orientación que necesitabas en los momentos difíciles.
- Estos adultos te hubiesen enseñado a diferenciar el bien del mal y te hubiesen dado el ejemplo con vidas sanas y felices.
- Se te hubiesen permitido y animado a aprender maneras de enfrentarte a relaciones, trabajos, al dinero y a otras cosas, y a descubrir técnicas que eran tuyas desde un principio.
- Te hubiesen permitido cometer tus propios errores y aprender de ellos.
- Al hacerte mayor, hubieses tenido mentores que te ayudaran a encontrar tu lugar en el mundo haciendo lo que querías hacer.
- Tu familia hubiese sido lo suficientemente sabia como para saber cuándo te debían ayudar y cuándo debías aprender a ayudarte a ti mismo.

Muchas personas tuvieron estas cosas, pero muchas más, desgraciadamente, no las tuvieron. Aquellos que las tuvieron pueden haber sido mariposas todo el tiempo. Quizás fueran los que más nos inspiraron (¡o nos hicieron sentir más celosos!) con sus libertades y sus vidas sin esfuerzo, hermosas y creativas. Aquellos que no tuvieron este apoyo pueden haberse convertido en orugas antes que nada.

4

Buscando la autoestima en los lugares equivocados

> «Si yo tuviese que buscar el núcleo central de la dificultad en las personas... es que, en la gran mayoría de los casos, se desprecian a sí mismos, consideran que no valen nada y que son indignos de amor... En algunos casos, esto se oculta bajo la afectación, y en casi todos nosotros estos sentimientos están ocultos bajo algún tipo de fachada»
>
> CARL ROGERS

Las necesidades básicas y cómo satisfacerlas

Comiendo cansadamente a lo largo de su humilde vida, las orugas pueden notar a las mariposas que vuelan libremente sobre sus cabezas. Una o dos de las más envidiosas quizás intente ser como ellas. ¡Se pegan unas alas al cuerpo y se lanzan desde los árboles! Pero, en lugar de volar, caen. Las personas con poca autoestima tienden a hacer lo mismo, y se pegan capa tras capa de adornos, intentando ser lo que no son. Esperan obtener la aprobación de los demás, para así poder sentirse bien consigo mismos. Tanto para las orugas como para los humanos, esto puede ser frustrante.

Definiéndola de una forma sencilla, autoestima significa estimarte a ti mismo. Sin embargo, muchas personas tienen la creencia errónea de que su valía personal proviene de gente o cosas que están fuera de sí mismos. Creen que los demás son responsables de su felicidad, y luego los culpan de su infelicidad. Para los adultos, sin embargo, la autoestima está determinada, no por lo que los demás piensen de ti, sino de lo que tú pienses de ti.

Las personas buscan la autoestima en los lugares equivocados a través de:

- **Lo que hacen.** Hacer demasiado por los demás (a menudo a sus propias expensas), muchas personas son más «hacedores humanos» que seres humanos.
- **Lo que tienen.** Confundiendo «valor neto» con «valor personal», muchos coleccionan dinero y posesiones y nunca tienen suficiente. Su pegatina de coche preferida pone: «El que muera con más juguetes gana».
- **Lo que saben.** Intentando impresionar a los demás con hechos y cifras, algunos definen su identidad por los títulos que tienen, los sitios que han visitado, los libros que han leído y te lo hacen saber. Creen que esto los hacen mejores que los demás.
- **A quién conocen.** Los que se fijan en los apellidos y buscan a las celebridades quizás sientan que su estatus «prestado» les otorga más importancia.
- **Cómo actúan.** Algunas personas realizan una actuación para ganar amigos e influir en la gente.
- **El aspecto que tienen.** Invirtiendo una gran cantidad de tiempo, esfuerzo y dinero en su apa-

riencia, algunos individuos equiparan la autoestima con lo atractivos que resultan a los demás.

- **Con quién están.** Otras personas creen que únicamente con una pareja hermosa o deseable, o con el grupo «adecuado» (iglesia, partido político, escuela, club) estarán bien.

Cualquiera de estas cosas —realizar un trabajo, tener buen aspecto, ser gracioso, tener amigos guapos— puede ser una parte importante de nuestra autoestima, especialmente cuando estas cosas son un complemento genuino de nuestro bienestar. El problema surge, sin embargo, cuando sentimos que tenemos que impresionar o agradar a los demás para demostrar que estamos bien.

Si dependemos de la aprobación de los demás para sentir que valemos algo, estamos renunciando al poder sobre nuestra autoestima. Exigir o manipular la aprobación es también un intento de controlar a los demás; podemos salir a pescar elogios, pero si «pescamos» alguno, probablemente no nos lo creamos. El camino hacia la autoestima llega al obtener nuestra propia aprobación y al afirmar nuestra propia valía.

La autoestima y el amor caminan de la mano. Pero si yo creo que no soy digno o digna de amor, es difícil imaginar que alguien me pueda amar realmente —incluso cuando realmente me amen y se esfuercen por demostrarlo—. Si yo me desprecio a mí mismo/a, no puedo amar a mis hijos, a mi pareja, a mis hermanos, a mis padres ni a mis amigos. Y si no me preocupo por mí mismo, entonces tampoco cuidaré bien de mí mismo.

Por otro lado, cuando sí me amo a mí mismo, me vuelvo más amoroso y querible. Cuando me quiero, cuido bien de mí mismo y mi sentido de valor personal aumenta. Todas mis relaciones, a su vez, mejoran. La autoestima incondicional se basa en el amor incondicional de uno mismo.

Recuerda, la autoestima es un trabajo interior. Como dijo Eleanor Roosevelt: «¡Nadie puede hacerte sentir inferior sin tu consentimiento!» Únicamente tú eres responsable de tu propia autoestima.

- Únicamente *tú* puedes proporcionarte *respeto.*
- Únicamente *tú* puedes proporcionarte *aceptación.*
- Únicamente *tú* puedes proporcionarte *autoestima.*

Y *sólo tú eres responsable de tu autoestima.*

Autoestima significa estimarte a ti mismo. Significa saber que eres valioso/a, digno/a de amor, que vales la pena y que eres capaz, y afirmarlo. Implica respetarte a ti mismo y enseñar a los demás a respetarte. Significa tratar a los demás con respeto porque se lo merecen.

Hace años, antes de que la autoestima fuese un concepto popular, el mundo parecía estar dividido en «egoístas» y personas con un «complejo de inferioridad». Mientras que los egoístas rebajan a los demás, las personas con complejo de inferioridad se rebajan a sí mismas. Naturalmente, los dos suelen venir juntos. Y ambos han padecido una baja autoestima. Los egoístas rebajan a los demás para sentirse mejor, más grandes y más listos que todos los demás. Les gusta pensar: «Yo soy un ganador; tú no vales tanto», «Yo tengo razón, de manera que tu punto de vista no vale nada.» Aquellos con complejo de inferioridad están dispuestos a aceptar su posición rebajada porque es la única manera que conocen de ser aceptados. Cuando tienes autoestima, cuando estás bien contigo mismo, no necesitas demostrar que los demás están equivocados ni rebajarlos.

Tener poca autoestima no es agradable. De hecho, duele. ¿Y qué nos enseña a hacer nuestra sociedad de alta velocidad con el dolor y las molestias?

- **Negarlo.** Como la vez que me caí esquiando, sentí dolor y pensé: «no es nada». Me puse de pie sobre mi pierna rota, agravando la fractura, y me desmayé.
- **Distraernos**. Cuando nuestro programa favorito sale en la tele, podemos sumergirnos en la historia del día y olvidar nuestros problemas y preocupaciones.
- **Drogarnos** o tomarnos una copa para salir de la infelicidad.

Todo el mundo utiliza estas estrategias de evasión en alguna ocasión. Son capaces de ofrecernos unas breves vacaciones y nos dan tiempo para recomponernos. Pero también pueden traernos grandes problemas. Deseando olvidar o controlar el dolor, la gente bebe, se droga, fuma y come. Pero los sentimientos positivos duran poco. Las drogas pueden interrumpir el dolor causado por la falta de autoestima, pero no pueden hacer nada por incrementarla. Estas estrategias de evasión son, en realidad, el camino hacia el dolor crónico y la adicción, un ciclo vicioso que nos hace sentir desmoralizados. Cuando negamos, nos distraemos o nos drogamos, no estamos haciendo nada con nuestros verdaderos problemas y nada cambia realmente.

En lugar de eso necesitamos soltar y aceptar el hecho de que el dolor y las molestias son una parte de la vida. Son mensajeros que traen información importante. En lugar de negar, distraernos o drogarnos, tenemos que prestar atención a la tensión y/o al dolor. ¿Cuál es el problema? ¿Cuál es el mensaje? ¿Qué es lo que no anda bien? ¿Qué necesito cambiar en mi vida? Cuando identificamos los problemas y hacemos algo, asumimos la responsabilidad por nosotros mismos. Cambiamos algo, aprendemos algo, ganamos poder personal y —¡ya está!— nuestra autoestima aumenta unos cuantos puntos.

La autoestima crea una euforia natural. Saber que eres digno de amor te ayuda a amar más. Saber que eres importante te ayuda a hacer algo por los demás. Saber que eres capaz te da poder para crear más. Saber que eres valioso y que ocupas un lugar especial en el universo es, en sí misma, una serena alegría espiritual.

Imagina cómo sería tu vida si supieras que:

- Eres más digno/a de amor y hermoso/a de lo que sabes.
- Eres más poderoso/a e importante de lo que crees.
- Eres la fuente de tu autoestima.
- Puedes escoger el camino que desees en la vida.
- Eres responsable de ti mismo/a antes que nada.
- *¡REALMENTE ESTÁS BIEN TAL COMO ERES!*

La autoestima positiva es la opción de respetarte, aceptarte y amarte por completo. Es un compromiso contigo mismo/a, y el mejor regalo que puedes dar y recibir.

SEGUNDA PARTE

EL CAPULLO

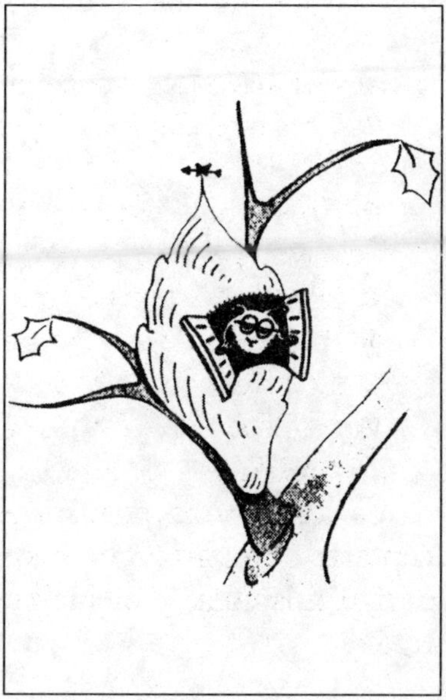

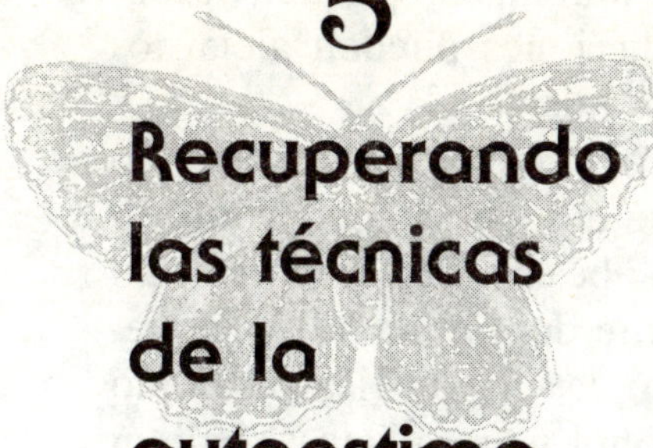

5 Recuperando las técnicas de la autoestima

«No hay lugar como...
el capullo, para incubar,
meditar, esperar el momento
apropiado para emerger...
y salir volando»

LOUISE HART

Un hermoso día de primavera, una oruga decidió salir a pasear. Lista para partir, se preguntó qué pie debía mover primero. Pensó y pensó, y finalmente se sintió tan confundida acerca del funcionamiento de las cosas, ¡que nunca llegó a dar ningún paso! Pronto, el hermoso día primaveral había llegado a su fin. Llegó el otoño, y esta oruga decidió empezar a tejer su capullo. Se arrastró y se arrastró, examinando al árbol de arriba a abajo buscando la rama perfecta a la cual adherirse. Buscó y buscó, pero nunca estuvo satisfecha. Pronto el día de otoño había llegado a su fin y el tiempo se tornó frío.

Recuperar la autoestima puede ser algo así. Nuestra vida y nuestro yo interior son tan complejos que es muy difícil desenmarañar la raíz de nuestra duda de nosotros mismos y nuestra poca autoestima. La tarea a mano es lograr la percepción de uno mismo, que suele confundirse con la consciencia de uno mismo. Como sucede con las orugas, nosotros mismos podemos ponernos obstáculos. La frustración y la confusión que preceden al conocimiento de uno mismo pueden desencadenar adicciones, y las adicciones pueden alejarnos del conocimiento de nosotros mismos.

Recientemente, cuando me encontraba firmando mis libros para el público, una desconocida me contó su historia. Joy solía ser coja y obesa, y caminaba con un bastón. Estaba constantemente deprimida, tenía jaquecas todos los días e incluso la diagnosticaron como «maníaca». Abusaba del alcohol y era adicta al Valium y a los cigarrillos. Un intento de suicidio a los veinticinco años fue lo que la hizo cambiar; se dio cuenta de que no deseaba morir. Y entonces dio el primer paso.

Joy dejó el Valium, eliminó el azúcar de sus comidas y se pasó a una dieta macrobiótica. Leía muchísimos libros y empezó a hacer yoga con una cinta. Se puso metas y volvió a canalizar toda la energía que se había disipado debido al tipo de alimentos que había estado comiendo. Al sentirse mejor, entonces empezó a hacer ejercicio dos veces por semana, siguió un tratamiento de acupuntura y empezó a caminar hasta doce kilómetros al día. En su visualización se imaginaba paseando sin el bastón.

Al no saber a dónde la estaba llevando este viaje, sin duda disfrutaba de la aventura. Recordando las palabras de su madre, de que era tan agraciada como un caballo, incluso tomó lecciones de ballet a los cuarenta y nueve años.

Después de «deshacerse de todo ese montón de equipaje sobrante», como ella lo cuenta, Joy pesa dieciocho kilos menos y enseña yoga dos veces por semana. «Estas experiencias me condujeron hacia un viaje pacífico, y quiero enseñar a otros, especialmente a los niños, que existen maneras de sentirse bien y encontrar la paz sin las drogas.» Ahora, ya sin jaquecas, ni bastón, ni depresión, reflexionó: «ha sido una transformación maravillosa». Su vida es ahora, tal como ella la describe, «¡más que excelente!»

La Segunda Parte de este libro trata sobre el proceso de construir un «capullo» y de crecer dentro de él. Contiene tópicos, técnicas y ejercicios que pueden ser útiles como escalones para orientarte en el camino de descubrimiento y recuperación de tu autoestima —convertirte en mariposa—. Hay suficientes actividades como para que te puedas concentrar en alguna cada día durante un mes, o selecciones aquellas que te sean más útiles en cualquier momento dado.

A veces, en la vida, necesitamos detener el ajetreo para aquietar la mente y resolver cosas. A veces necesitamos retroceder algunos pasos para poder avanzar. A veces necesitamos desprendernos de aquello que no deseamos para poder dejar sitio a aquello que sí deseamos.

La futurista Faith Popcorn predijo la moda del «capulleo» en los noventa. Capulleo significa «el impulso de entrar dentro cuando las cosas sencillamente están demasiado difíciles y atemorizantes afuera», o «poner un caparazón de seguridad alrededor de tu yo, para no estar a merced de un mundo malvado e im-predecible...» Podría estar refiriéndose a la necesidad de quedarnos en casa y poner el vídeo en lugar de ir al cine, pero el proceso de ir hacia adentro también puede ser espiritual. El capullo nos proporciona un santuario para que tenga lugar el complejo proceso de metamorfosis. Como humanos debemos encontrar o diseñar nuestro propio espacio de seguridad para hacer este importante trabajo interior. La metamorfosis puede parecer dramática, que sucede de golpe. En realidad es una serie de pequeños cambios que suelen estar escondidos a la vista.

Estamos llamados a cambiar de marcha. Necesitamos poner de lado nuestra fijación en lo externo y entrar dentro de nosotros mismos. Durante el proceso de exploración interior, podemos buscar las partes faltantes de nuestras vidas y aprender a llenarlas. Quizás incluso descubramos restos de nuestras olvidadas alas. Hace falta valentía para responder a la llamada de la vida, del crecimiento, de la transformación. Pero desde el momento en que das el primer paso hacia la recuperación y empiezas a dirigir tu propia vida, tus días como oruga están contados.

«Cualquier cosa que puedas hacer,
o sueñes con hacer, hazla.
La audacia tiene genio,
magia y poder en ella.
Empieza ahora»

—GOËTH

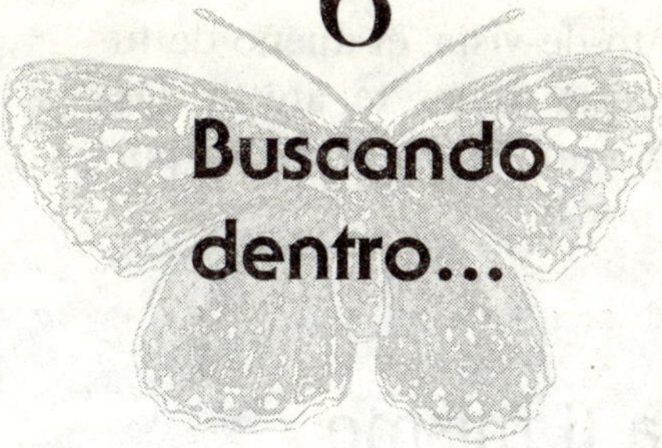

6
Buscando dentro...

«Hace falta valor
para crecer
y convertirte
en quien eres
realmente»

E. E. CUMMINGS

¿Qué hay en el centro mismo de tu universo? ¿Qué es lo más importante? ¿Qué influencia tus actos más que cualquier otra cosa? ¿Tu familia? ¿Tu trabajo? ¿Tu televisor? ¿Tu coche? Probablemente no, porque todas estas cosas son extensiones de ti mismo. Lo que hay en el centro eres tú.

Hay un ejercicio llamado «círculo de afecto». Dibuja unos pocos círculos concéntricos en un papel. En el círculo del centro, escribe tu nombre. Dentro del círculo más cercano, pon los nombres de tus seres queridos —las personas a las que más echarías de menos si algo les sucediera— y también el trabajo que te es más querido. En el siguiente círculo, pon los nombres de tus amigos, y en el siguiente, de tus conocidos. Cuanto más te alejes, más reemplazables serán las relaciones. ¿Dónde pondrías tus posesiones? Todo lo que hay en los círculos es importante para ti, pero algunas cosas te importan más que otras. Este ejercicio ilustra tus prioridades. Son distintas para todo el mundo. Pero hay una que no es negociable: tú, el tema central, estás en el centro.

Tú eres la fuente, el punto-de-vista, el dueño de tu propia vida. Cada decisión que tomes te afecta. De modo que, si deseas realizar cambios en tu vida, ¿por dónde empiezas? Empiezas por ti.

Escúchate a ti mismo

«Déjame oírme a mí misma y no a los demás»

—GERTRUDE STEIN

Nos damos a nosotros mismos mensajes acerca de nosotros mismos todo el tiempo, aunque no nos demos cuenta. Gran parte de esa conversación se origina en la infancia, con las voces de las personas que son importantes para nosotros. «Las niñas no son inteligentes.» «Nunca serás suficientemente buena.» «¡Gordi, gordi, dos por cuatro!» En ocasiones estos mensajes llegan en palabras, otras en sentimientos. Con el tiempo, esta conversación con uno mismo puede tornarse autorealizada.

La conversación con uno mismo es esa voz interior tan importante y poderosa que oímos en nuestros pensamientos o justo debajo de ellos. Tiene un tremendo impacto sobre nuestras emociones, nuestros actos y sobre los resultados que producimos en la vida. El tono de nuestro diálogo interno determina si somos nuestro propio mejor amigo o amiga, o nuestro peor crítico.

Nuestras creencias, la imagen de nosotros mismos, el concepto de nosotros mismos y nuestra autoestima están controlados por aquello que nos decimos repetitivamente.

Creemos que nuestras «verdades» son hechos reconocidos, pero:

- Podemos pensar cosas que no son verdad.
- Podemos pensar cosas que nos ponen tensos.
- Podemos pensar cosas que nos hacen sufrir.

La verdad es que podemos pensar lo que nos dé la gana.

O nos damos ánimos o nos desanimamos. Nos elevamos o nos rebajamos. Revivimos nuestra historia o cambiamos su curso. Con nuestra conversación con nosotros mismos plantamos semillas en nuestro inconsciente que crecerán en nuestras vidas.

Las personas que no hacen más que decirse a sí mismas lo desastrosas, incapaces o poco afortunadas que son, realmente lo creen. Sin darse cuenta, están destruyendo su autoestima. Aquellas que fueron muy criticadas o culpadas siendo niños, probablemente interiorizaron esas afirmaciones negativas y vuelven a oír los «pensamientos basura» como si se tratase de una cinta que no deja de sonar. El problema con la conversación con uno mismo es que el volumen es tan bajo que casi no la oímos. Únicamente cuando «sintonizamos» conscientemente y subimos el volumen podemos escuchar objetivamente estos viejos mensajes y empezar a liberarnos de su enganche en nuestras vidas. Cuando cambiamos nuestro modo de pensar sobre nosotros mismos, el mundo que nos rodea también cambia. Cuando cambiamos nuestras mentes, cambiamos nuestra vida.

Ejercicios:

- Cuando te mires en el espejo del baño hoy, sube el volumen de tus pensamientos. ¿Qué te estás diciendo?

- Haz esto todas las veces que puedas hoy. Escucha cada «No puedo...», «No soy suficientemente...» «Ojalá no hiciese...», «Ojalá tuviese...», y escríbelo en un papel.

- Fíjate en las palabras importantes como: «nunca» y «siempre»

Si te cuesta sintonizar, encuentra un lugar tranquilo donde sentarte o caminar durante un rato, de modo que puedas escuchar tu conversación contigo mismo/a.

Convierte lo Negativo en Positivo

«Cuando la vida te dé limones, ¡haz limonada!»

—Anónimo

El psicólogo Aaron Beck caracterizaba la conversación interior de sus pacientes en términos de ellos, su mundo y el futuro. Los puntos de vista de los pacientes deprimidos eran, por lo general, internos («es mi culpa»), globales («afecta a todo») y estables («siempre sucede así»). Las personas más sanas, en contraste, veían las cosas externamente («fueron las circunstancias»), específicamente («es sólo una cosa») y de forma transitoria («mañana será diferente»).

Una vez que sabes lo que te estás diciendo a ti mismo, puedes empezar a cambiar el mensaje. Con la consciencia llega la opción. A veces basta con percibir tus pensamientos y reconocerlos: «Oh, oigo una voz que me dice que soy demasiado tonto/a para decir lo que pienso». Cuando escribes los mensajes hirientes, puedes verlos de una manera distinta y con perspectiva. Haz que los pensamientos negativos trabajen para ti, convirtiéndolos en afirmaciones positivas. He aquí algunos ejemplos:

MENSAJES NEGATIVOS	CONVERTIDOS EN AFIRMACIONES
«No hables»	«Tengo cosas importantes que decir»
«¡Estoy tan gordo/a!»	«Amo mi cuerpo y me siento bien»
«¡No puedo hacer nada bien!»	«Tengo éxito cuando me lo propongo»
«No esperes demasiado»	«Haré realidad mis sueños»
«No soy suficientemente bueno»	«¡Soy bueno/a!»

En ocasiones, las personas que son conscientes de sus «voces» intentan discutir las críticas. Sin embargo, al luchar contra una voz que te dice que no eres bueno, le estás dando poder. No se puede discutir con estas voces. Siempre ganan. Si las ignoras, encontrarán otra manera de hacerse oír. Por otro lado, si las reemplazas con afirmaciones, descubrirás que ganas en todas las áreas de tu vida.

Ejercicios:

- ¡Contéstale a tu conversación interna! Comprueba lo que se siente al insertar una afirmación cada vez que escuchas un mensaje negativo. Al principio, quizás sientas que es una mentira. Experimenta con ello de todos modos y rétate a descubrir la verdad que hay en ello. Quizás veas resultados sorprendentes.
- Deja de «pensar basura». Puedes decir «¡Cancelar, cancelar!» para borrar las afirmaciones negativas cada vez que aparezcan.
- En lugar de censurarte por lo que deberías haber hecho, piensa en lo que podrías haber hecho. Planea cómo lo dirías o harías de otra manera (o mejor) si tuvieras la oportunidad.
- Utiliza la conversación interior positiva para hablar de, y crear, aquello que deseas en tu vida. Anima y apoya tu progreso. Las afirmaciones pueden ayudarte a salir del «No puedo» y entrar en el «¡Claro que puedo!»

Esto quizás no parezca fácil de hacer, pero realmente lo es. Puedes poner fin a tus pensamientos negativos dejándolos ir y reemplazándolos con pensamientos positivos. No tienes por qué aguantar las críticas —especialmente viniendo de ti.

Date una Oportunidad: Reconoce Tus Cualidades

«Si no estoy ahí para mí, ¿quién lo estará?»

—HILLEL

Durante años, el Sr. Rogers ha venido diciéndole a los niños: «¡Sois especiales!» Este mensaje es cierto para los niños, y también es cierto para los adultos. Estás bien —y siempre lo has estado—. Pero, ¿puedes pensar en cinco ejemplos de lo que te hace especial? ¿Y en diez? A muchos adultos les cuesta pensar incluso en uno solo.

Ejercicios:

- Escribe en una hoja de papel «Soy estupendo/a porque...» Acaba la frase tantas veces como puedas. ¿Encaja «digno/a de confianza»? ¿Y qué tal «afectuoso/a»? ¿Te gustas porque eres gracioso/a? ¿Atlético/a? ¿Abierto/a? Cuando hayas completado cinco frases, intenta llegar hasta diez. Quizás notes que tu conversación interior negativa protesta en voz alta a medida que lo haces. Hazlo de todos modos. ¡Y recuerda que no hay respuestas incorrectas!

- También puedes hacer este ejercicio con otra persona. Colócate delante de tu compañero o compañera, mirándole a los ojos, y pregúntale: «¿Por qué eres estupendo/a?». Debe responder diciendo «Soy estupendo/a porque...» y terminar la frase todas las veces que pueda durante tres o cuatro minutos. El que escucha puede escribir algunas de estas cualidades especiales. Luego turnaros, de manera que los dos podáis jugar. Yo utilizo este juego en todos mis talleres. (A todo el mundo le encanta oír los mensajes estupendos. Decirlos, sin embargo, hace que mucha gente se sienta incómoda. Se vuelve más fácil con la práctica.)
- En diferentes hojas de papel, escribe cada cumplido importante que hayas recibido a lo largo de los años. Reúne todas las tarjetas de amor y de agradecimiento que la gente te haya enviado. Ponlas en una «Caja de Cumplidos». (Puedes reciclar cualquier caja para esto, o utilizar una bolsa o incluso una carpeta). Guarda esta caja cerca de tu cama. Cuando te sientas «bajo/a» lee todas las que sean necesarias hasta que te sientas «elevado/a».

Acéptate Tal Como Eres

«La paradoja curiosa es que cuando me acepto tal como soy, entonces puedo cambiar»

—CARL ROGERS

Los seres humanos, al igual que las orugas, tienen en diferentes tamaños, formas y colores. A diferencia de las orugas, podemos perder tiempo y energía rechazando, odiando, negando partes (o todo) de quien somos —y crear insatisfacción, dolor e incluso enfermedades mentales en el proceso—. Jesús nos aconsejó ser como «los lirios en el campo». Aprendamos a aceptarnos a nosotros mismos como hacen las flores, los pájaros y las orugas.

La palabra aceptar viene de una raíz latina que significa recibir o «gustarse a uno mismo». Ésta es la necesidad más básica que tuviste de niño, o de niña—ser acogido o recibido tal como eras—. La aceptación es la base de la seguridad, la confianza, el amor y la autoestima. Si la recibiste de tus padres, recibiste un gran regalo. Si no fue así, puedes sanar esa vieja herida dándotela a ti mismo o a ti misma. Abre tu corazón y sé más cariñoso, comprensivo y compasivo contigo mismo. Está bien ser quien eres. De hecho, es imperativo. Si no eres quien eres, ¿quién lo será?

En nuestra sociedad de consumo nos han enseñado que nadie está realmente bien. Necesitamos un producto más, una cosa más para poder ser felices como los personajes de fantasía de la televisión. Nos han enseñado a rechazarnos y a no gustarnos a nosotros mismos tal como somos. Ésta es la causa de la epidemia de falta de autoestima. Sin embargo, la aceptación es diferente del gustarse a uno mismo. Aceptarte a ti mismo no significa aprobar los comportamientos bajos (como abusar de otros o tener una adicción). Cuando te enfrentas y luchas honestamente con esas áreas problemáticas y las superas, te vuelves más aceptable para ti mismo.

Con aceptación, adoptamos una actitud firme para estar a favor, y no en contra, de nosotros mismos. Con aceptación, somos acogidos por nosotros mismos, respiramos con mayor facilidad y luego, si así lo deseamos, podemos realizar algunos cambios. Al aceptarnos totalmente empezamos a descubrir que el niño que hay en nuestro interior no es tan malo después de todo.

Ejercicios:

- Haz una lista de las cosas que no te gustan de ti mismo. Por ejemplo: «No me gusta el lunar que tengo en la nariz.» «No me gusta no encajar.» «No me gusta cuando como porque estoy aburrida», o «No me gusta tenerle miedo a viajar.»

- Lee cada frase añadiendo «...y me acepto tal como soy». Repite este ejercicio unas cuantas veces. Haz esto cada vez que oigas esas voces críticas.

- Si hay algo acerca de ti que puedes aceptar pero que igualmente te gustaría cambiar, como quitarte ese lunar, arreglarte los dientes, o perder peso, ¡hazlo!

- Dentro de ti está el recuerdo del niño, o de la niña, que no fue aceptado y se sintió herido. Usa tu imaginación para recibir y acoger a ese niño o niña, y dale seguridad con tu sabiduría, tu comprensión y tu compasión adultas. Dale lo que necesita.

Acepta tus sentimientos

«El conflicto, el dolor, la tensión, el miedo, la paradoja..., se trata de transformaciones que están intentando realizarse. Una vez que nos enfrentamos a ellas, se inicia el proceso de transformación.

—MARILYN FERGUSON,
THE AQUARIAN CONSPIRANCY

En un momento u otro, todo el mundo tiene experiencias que producen sentimientos demasiado poderosos para soportar. Estas emociones pueden bloquearse y permanecer escondidas hasta que nos encontramos en un lugar de más poder y estamos preparados para enfrentarnos a ellas. Parte de la recuperación consiste en permitirse un tiempo y un espacio para sentir y sanar los sentimientos ocultos. En nuestra cultura, no suele ser muy seguro expresar los sentimientos; hacerlo puede ponernos en peligro. De modo que, para poder sobrevivir y florecer necesitamos saber cuándo mostrarlos y cuándo contenerlos.

Los sentimientos son válidos. Escúchalos. Son nuestros guías a través de la experiencia humana. Hónralos. Como un barómetro que cambia constantemente, las emociones reflejan la calidad de nuestras experiencias de vida.

Cuando los sentimientos se congelan, pueden distorsionarse. Mientras se descongelan, un grupo de apoyo o un terapeuta pueden ayudarnos a pasar por el trabajo acumulado y aprender maneras sanas de enfrentarnos a ellos. Como niños sanos, todo adulto es potencialmente capaz de participar completamente de la gama de emociones que hay en la experiencia humana.

Hazte amigo de tus sentimientos. ¡Significan que estás vivo! Deja salir el dolor, la rabia, la alegría, la tristeza. Reconócelos. Decide si los quieres hacer actuar y cuándo y cómo lo harás.

Gobierna tus sentimientos —de manera que no te gobiernen ellos a ti—. Sólo puedes hacer esto si los conoces y los comprendes. Esto no sucede de la noche a la mañana; se necesita tiempo para devenir emocionalmente maduros. Necesitamos ser capaces de sentir, de ser verdaderos, de ser honestos, de ser quienes somos realmente con nosotros mismos y ser la persona más importante en nuestras vidas.

Ejercicios:

- Los seres humanos experimentan muchos sentimientos distintos en un día. En tu diario, toma apuntes de algunas de las emociones que sentiste el día, o los dos días, anteriores. ¿Cuándo las sentiste? ¿En qué parte de tu cuerpo las experimentaste? Describe lo que notaste. ¿Qué hiciste con ellas? ¿Te recordaron algo? ¿Te faltan algunos sentimientos de ese día?

- ¿Tienes algunos sentimientos hacia otras personas por resolver, que no comprendes o no puedes aceptar? Escríbelos en un papel.

Cuidando de Uno Mismo

«Cuando cuidas de una rosa,
no puede crecer un cardo»

—FRANCES HODGSON BURNETT

A cada persona se le da únicamente un cuerpo en esta vida. Nuestros cuerpos y nuestros yos son complejos sistemas de energía y de materia que requieren un mantenimiento. Sin comida, morimos de hambre. Sin agua, nos deshidratamos.

Nuestros cuerpos necesitan una nutrición y un cuidado adecuados o, de lo contrario, funcionan en contra nuestra. Lo mismo sucede con otros aspectos de nuestro ser. La salud mental, emocional, espiritual y física caminan de la mano.

A mí me enseñaron que la desatención y el sacrificio de uno mismo son virtudes. Educada de la forma tradicional, aprendí a preocuparme por las necesidades de los demás a expensas de las mías. Muchas personas —especialmente las mujeres— han aprendido a dar y dar hasta que duela, y a luego dar un poco más. Están corriendo peligro de convertirse en mártires que han sufrido durante mucho tiempo. Corren el riesgo de una quiebra emocional y física, y de quemarse. Otras personas —especialmente los hombres— tienen el hábito de demostrar y demostrar, hasta que duela, y luego demostrar un poco más.

En lugar de este abandono de uno mismo y este maltrato de uno mismo, sé bueno contigo mismo. Mímate. Los seres humanos necesitan ser tratados con delicadeza. Es tu responsabilidad cuidar bien de ti mismo, o de ti misma. Tu tarea consiste en hacer tu vida más agradable.

Ejercicios:

- Consigue un lápiz y un papel, y concédete diez minutos sin interrupciones. En la parte superior de la hoja de papel, escribe: «Veinte cosas que me encanta hacer». En el margen izquierdo, escribe los números del 1 al 20.

- Ahora, la parte de la diversión: Piensa y haz una lista de las cosas que te encanta hacer. Algunas serán cosas que haces solo/a, y otras cosas que haces con otras personas.

- Mira la lista y apunta cuál fue la última vez que hiciste cada una de esas cosas.

- A continuación, tacha todas las que sean malas para ti o poco saludables (demasiado peligrosas, caras, inútiles, dañinas para los demás, etc.). Si tu lista queda vacía, empieza otra vez y sé más creativo/a.

- Y luego pasa a la parte realmente divertida. Cada día haz por lo menos una de estas cosas para ti. Cuando eres bueno contigo mismo, te sientes bien en relación a ti mismo. El cuidado de ti mismo incrementa tu energía y tu percepción, eleva tu autoestima y alimenta tu alma.

Atiende Tus Necesidades

«El hombre iluminado come cuando tiene hambre y duerme cuando está cansado»

—Refrán Zen

Para tener una elevada autoestima debes cuidar bien de ti mismo. Esto implica conocer cuáles son tus necesidades, identificar las señales y saber cómo satisfacerlas. Según el psicólogo Abraham Maslow, las necesidades están ordenadas en una jerarquía. Las necesidades básicas humanas, por orden de aparición, son:

- alimento, agua y vestido
- seguridad y cobijo
- querer y pertenecer
- autoestima
- autorealización

Según Maslow, no puedes alcanzar la autorealización si tus necesidades más básicas de alimento y de cobijo no están satisfechas. Como cuando subimos por una escalera, para llegar a la parte superior tenemos que pasar por los peldaños inferiores.

Muchas personas de familias disfuncionales, con frecuencia no se dan cuenta de que tienen hambre, que están cansadas, con sueño o de que tienen que ir al lavabo. Quizás estén tan ocupadas cuidando de los demás que se desatienden a sí mismas. Quizás nieguen sus necesidades para evitar ser vulnerables; quizás estén cansadas de tantas desilusiones y han dejado de pedir o de tener necesidades. Quizás les dijeron: «¡No sabes lo que quieres!» y lo creyeron.

Los medios de comunicación han desdibujado la distinción aún más. Todos hemos sido manipulados para «necesitar» cosas sin las cuales habíamos conseguido ir viviendo muy placenteramente. Es importante resolver esta confusión y ser conscientes de nuestro cuerpo, nuestras emociones y nuestro espíritu, y aprender a cuidar de nuestras necesidades básicas.

Ejercicios:

- Empieza por sentarte en silencio durante unos minutos. Examina tu cuerpo de pies a cabeza. ¿Cómo está tu cuello? ¿Tu espalda? ¿Tu estómago? ¿Dónde te sientes cómodo/a? ¿Tenso/a? ¿Rígido/a? ¿Relajado/a?

- ¿Existe una conexión entre tus pensamientos y su relación con tus sensaciones corporales? Por ejemplo, cuando te comes la décima galleta, ¿qué o quién hay en tu mente? ¿Las manos se te ponen frías o calientes cuando haces un balance de tu talonario?

- Prueba algo nuevo para incrementar la percepción de tu cuerpo. Un ayuno, una ducha fría o una carrera pueden poner las cosas en perspectiva rápidamente. El yoga o las artes marciales —que integran la mente y el cuerpo— pueden ser dignos de ser practicados en algún momento en tu vida.

Alimenta Tu Cuerpo, Alimenta Tu Espíritu

«Ninguna enfermedad está totalmente en tu mente»

—MICHAEL LESSER, M. D.

Una buena alimentación es crucial para el cuidado de uno mismo. Es esencial para la salud —física, emocional y mental—. Debido a que el cerebro y el cuerpo funcionan a través de reacciones químicas, la mayor parte de las adicciones se agravan por desequilibrios nutricionales, y el control de las mismas es más fácil con la ayuda de una buena dieta. El mero hecho de estar hambriento te puede poner irritable y negativo, y la comida sana puede ayudarte a mantener una actitud positiva hacia la vida.

Tradicionalmente, una madre pasaba sus habilidades culinarias a sus hijas, instruyéndolas eficazmente para su «tarea» en la vida —alimentar a sus maridos y a sus hijos—. Hoy en día los papeles ya no son tan estrictos. Pero llega un momento en cada una de nuestras vidas en el cual debemos aprender a cuidar de nosotros mismos y a alimentarnos, porque si no lo hacemos nadie lo hará por nosotros. Sin embargo, a muy pocos jóvenes se les enseña, conscientemente, a preparar y a comer alimentos que los mantendrán con una salud excelente.

Los americanos gastan billones todos los años intentando perder peso. Tanto si son verdaderamente obesos como si simplemente se ven gordos, se preocupan por técnicas de adelgazamiento que pueden ser, o no ser, eficaces. Pero una dieta no es algo que uno practica temporalmente, tu dieta es lo que comes cada día. Lo que importa es si mantiene o degrada tu salud. El ritmo acelerado de la vida americana —combinado con su fijación en la imagen— crea tensiones y expectativas en torno a la comida que son un problema para la autoestima.

Ejercicios:

- Lee las etiquetas de los envases de alimentos. ¿Conoces todos los ingredientes? ¿Sabes, incluso, pronunciarlos? ¿Qué efecto tendrán sobre tu cuerpo?

- Mantén un diario de alimentación durante una semana. ¿Cómo te sientes después de comer una ciruela? ¿Una hamburguesa? ¿Chocolate? Nuestros cuerpos están dándonos respuestas constantemente. Cuando comemos alimentos que no nos hacen bien, nos lo dicen. Nota cómo te hacen sentir los alimentos.

- Piensa en cómo has comido en los últimos días. ¿Sentiste el sabor de la comida? ¿Disfrutaste de ella? ¿Comiste porque tenías hambre o por otra razón?

- ¿Cuánto tiempo pasas comiendo? ¿Lo haces estando de pie, conduciendo tu coche, mientras miras la tele? ¿Te levantas varias veces de la mesa para servir a los demás? ¿O te sientas y te relajas, y saboreas las comidas? Antes de tu próxima comida, haz una pausa para reflexionar acerca del trabajo que se realizó para producir y preparar los alimentos. Nota el aroma. Percibe el color. Piensa de dónde provienen. Saborea los distintos sabores. Mastica cada bocado hasta que se deshaga. Siéntete agradecido por tener alimentos para comer.

- Aprende algo acerca de tu cuerpo. Averigua si eres adicto/a a algún alimento o si eres alérgico/a a alguno. Busca información que te ayude a vivir mejor contigo mismo.

- Lleva una dieta equilibrada, baja en grasas y rica en fibra, de alimentos deliciosos y sanos. ¡Puede aligerar tu espíritu y ayudar a elevarte!

Manténte en Movimiento

«Mente sensata, cuerpo sensato»

—Proverbio

Los ancianos contemplaban el cuerpo como un vehículo para llevar el espíritu a través de la vida en esta Tierra. Puedes confiar en que tu cuerpo te mantendrá vivo de las maneras más básicas: no tienes que pensar en respirar, en hacer que tu corazón lata, ni en digerir la comida. Y tu cuerpo debe confiar en que tú lo alimentarás apropiadamente, lo mantendrás limpio, fuera de peligro y en forma.

El ejercicio mejora la salud física, emocional y

mental manteniendo el metabolismo a tono, dándote tiempo para ti mismo/a y haciendo que respires a fondo. El ejercicio regular puede mejorar tu actitud mental, ayudar a enfrentarte mejor con el estrés, mantener tus órganos sanos y, en efecto, ayudarte a vivir más y mejor. Además, puede ser divertido.

En las antiguas sociedades rurales, la actividad física al aire libre era un estilo de vida. Después de haber amasado el pan, lavado la ropa a mano y tenderla para que se seque, y plantado el jardín, no había necesidad de ir a hacer ejercicios aeróbicos. Ahora, las exigencias de la vida moderna nos han llevado adentro y nos han hecho sedentarios. De manera que para nuestro bienestar físico, debemos incorporar conscientemente ciertas actividades en nuestro día.

Ejercicios:

- ¡Ejercítate! La parte más difícil es superar la inercia y ponerse en marcha.

- Existen cientos de maneras de incorporar ejercicios en tu régimen diario. Puedes apuntarte en algún programa de ejercicios o comprarte vídeos de aeróbic. Intenta salir a caminar por las mañanas o correr por las tardes. Considera la posibilidad de tomar clases de baile, de artes marciales, de culturismo, de natación, de esgrima o de cualquier otra de las tantas actividades que hay, que puedes practicar sólo o en grupo. Guíate por tus intereses.

❣ Existen opiniones diversas acerca de la cantidad de ejercicio que necesitamos. Una fuente dice que quince minutos al día es todo lo que hace falta para establecer una diferencia entre estar en forma y ser gordo. Otra recomienda 30 minutos tres veces por semana como mínimo. Y otra dice que 45 minutos cuatro días a la semana te puede ayudar a perder peso con mayor rapidez. Un amigo mío sencillamente intenta hacer que su corazón lata rápidamente al menos una vez al día. Averigua lo que funciona mejor para ti. ¡Y después hazlo! ❣

Deja de Hacerlo

«No puedes resolver un problema
al mismo nivel que fue creado.
Tienes que elevarte por encima de él
hasta el siguiente nivel»

—ALBERT EINSTEIN

¿Cómo sabes si tienes un problema? Mucha gente consume alcohol con moderación, para relajarse o para celebrar, sin ser adicta a él. Pero existe una diferencia entre comer un trozo de pastel y tener que comerlo. Hay una diferencia entre utilizar sustancias y abusar de sustancias. Existe una diferencia entre querer algo y necesitarlo.

Algunas personas tienen más tendencia a la adicción que otras. Las adicciones pueden ser físicas o emocionales. La adicción tiene que ver con intentar llenar agujeros. La recuperación tiene que ver con reducir los agujeros. Dejar la adicción significa renunciar a la sustancia. La recuperación implica abandonar los comportamientos adictivos.

No existe ninguna manera fácil de abandonar una adicción. Cada substancia tiene su propia personalidad. Puedes encontrar, por ejemplo, una manera de evitar el alcohol y las drogas en tu vida, pero no puedes renunciar por completo a la comida. El sexo es otra necesidad natural a la que hay que enfrentarse. Pero los comportamientos en estas dos áreas pueden modificarse conscientemente a través del trabajo de la recuperación. La clave para dominar cualquier adicción reside en aprender a vivir en un mundo con alcohol, drogas, sexo y comida, no para ello.

El concepto de «recuperación» fue utilizado originalmente en el contexto de substancias adictivas como las drogas y el alcohol. La recuperación empieza después de que lo hayas dejado de consumir. Cuando te cansas de la vida que crea tu adicción para ti y decides dejarla atrás, el primer paso es dejar de hacerlo. «No beber es la cosa más importante que he hecho en mi vida», me dijo una amiga, «y es lo que tengo que hacer cada día». Después del paso inicial de dejar de hacerlo, el verdadero trabajo de recuperación es el camino del día a día hacia el conocimiento de uno mismo.

* * *

Dave era famoso por sus fiestas locas y sus juergas. Se rompió la rodilla estando drogado, pero eso no hizo que dejara de hacerlo. Perdió a su mejor amigo en un accidente de coche por ir bebido, pero eso no hizo que dejara de hacerlo. Cuando se dio cuenta de que estaba perdiendo a todos sus mejores amigos debido a sus llamadas telefónicas en mitad de la noche, en estado de ebriedad, y a sus cambios de humor, las cosas empezaron a cambiar.

Dave se dio cuenta, finalmente, del hecho de que su estilo de vida dependía del abuso de sustancias, de modo que decidió dejarlas. Cuando mi hija oyó la noticia, se emocionó: «¡Bien!» dijo, «¡Le volveré a dar mi número de teléfono!» El otoño pasado, después de celebrar casi seis años de sobriedad, se casaron. ¡Las recompensas de la recuperación son maravillosas!

Ejercicios:

- Observa tus hábitos durante un tiempo. ¿Te conviertes en «otra persona» cuando bebes o te drogas, alguien que no elegirías ser si estuvieses sobrio o sobria? Si estás preparado/a para enfrentarte a la verdad, pídele a algún amigo que te diga, honestamente, cómo eres cuando estás en ese estado.

- Analiza la química de tu cuerpo. Un desequilibrio químico puede promover el deseo de alcohol, drogas, tabaco y azúcar, lo cual, a su vez, priva a tu cuerpo de vitaminas y minerales esenciales y crea un callejón sin salida para la enfermedad. Un médico puede ayudarte a obtener más información sobre nutrición.

- Alcohólicos Anónimos ha ayudado a millones de personas en el proceso de recuperación. Otros grupos de apoyo que utilizan métodos similares son Narcóticos Anónimos, Sobrealimentados Anónimos, Alanon (para esposas de alcohólicos), Alateen y Hijos Adultos de Alcohólicos. Llama al número de AA de tu listín telefónico para más información acerca de reuniones en tu área.

Examina Tus «Verdades»

«Tanto si crees que puedes, como si crees que no puedes, estás en lo cierto»

—Henry Ford

Piensa en un accidente de tránsito. Cada uno de los testigos da una versión distinta del mismo acontecimiento; puede resultar difícil averiguar lo que sucedió realmente. En conflictos y sucesos más personales, es incluso más confuso encontrar una realidad objetiva. Esto se debe a que cada persona incorpora la suma total de su historia, sus sensibilidades y su temperamento a cada situación y lo ve todo a través de los filtros de su propia percepción. Después se permiten ver lo que encaja en su sistema de creencias y rechazan lo que no lo hace. Como dice un amigo mío, «¡Lo veré cuando lo crea!»

Como seres humanos, no podemos evitar arrastrar el pasado con nosotros en forma de creencias, las cuales se manifiestan en nuestras expectativas, nuestras actitudes, nuestra conversación con uno mismo y nuestros comportamientos. Muchas creencias («verdades») que tenemos están más allá de nuestra consciencia. No obstante, como las creencias ejercen una poderosa influencia sobre nuestra vida cotidiana, una vida mejor depende de tomar decisiones conscientes en relación a ella.

Con nuestras primeras decisiones creamos un mapa interno que nos ayuda a percibir, comprender e interpretar el mundo. Lo utilizamos durante toda nuestra vida —incluso mucho después de que esté caducado—. Los mapas pueden ser una guía útil para llegar a destino, ¡a menos que se trate del mapa equivocado! Imagina que, debido a un error de impresión, tu mapa de Filadelfia es en realidad un mapa de Kansas City. No importa con cuanto ahínco lo estudies y te esfuerces, continuarás estando confundido y perdido. O imagina que tu mapa es de la ciudad correcta, pero tiene décadas o siglos de antigüedad. ¿Cómo te las arreglarías? Es importante poner al día nuestros mapas internos y nuestras verdades y creencias más profundas, para poder confiar en ellas y que nos guíen a través del presente y hacia el futuro.

Una parte importante del proceso de poner al día nuestro mapa consiste en reconocer el hecho de que nuestras «verdades» personales son limitadas. En cuanto decidimos que «¡así son las cosas!», estamos cerrando las puertas a otras posibilidades. Nuestro inconsciente acepta cualquier cosa que le digamos como una «verdad» y trabaja horas extra para demostrarlo una y otra vez.

He aquí algunas de las «verdades» autoderrotistas e incorrectas que podríamos decirnos a nosotros mismos:

• No sirvo para nada» • «Me merezco el rechazo» • «La vida es dolor» • «Nadie me quiere de verdad» • «No soy suficientemente bueno/a» • «Hay algo mal en mí» • «No encajo» • «Si amo a alguien, me hará daño» • «Soy un desgraciado/a» • «Soy demasiado gordo/a» • «No se puede confiar en las personas» • «No soy digno/a de amor» • «Si la gente me conociera realmente, yo no les gustaría» •

Con una percepción selectiva, buscamos secretamente información que nos demuestre que estamos en lo cierto. Si creo que no soy digna de amor, por ejemplo, reúno pruebas que confirmen mis creencias. Al hacerlo, estoy filtrando —no dejo entrar— toda información que no encaje en lo que yo creo que es cierto. Y cuando sí encaja, digo: «¡Ajá! ¡Esto demuestra que yo tenía razón!» Para bien o para mal, continuamos reforzando los comportamientos que demuestran que estamos en lo cierto. Y, desgraciadamente, a menudo preferimos tener razón a ser felices.

Ejercicios:

- Examina tus primeros recuerdos. ¿Cuáles fueron las primeras decisiones o «verdades» que recuerdas haber tomado respecto a tu vida?

- ¿Cuáles son tus creencias respecto al amor? ¿Y respecto a los niños, la autoridad, tú mismo —respecto a Dios—? ¿Podrías poner estas creencias en palabras? ¿Por escrito?

- Pasa tiempo con tus creencias. Evalúalas. Jesús dijo: «Te sucederá según creas». ¿Quieres que te sucedan esas cosas? Si no es así, desármalas.

- Busca la fuente de cada «verdad». ¿De quién son las voces que oyes detrás de las creencias problemáticas? Escucha. Considera la posibilidad de que no sean «verdad», sino únicamente un modo de ver las cosas. Empieza a hacerles agujeros, o a ridiculizarlas. ¿Cuáles serían otras interpretaciones?

- E-s-t-i-r-a tu imaginación; dale a otra persona el beneficio de la duda. ¿Cuál sería la mejor conclusión que podrías sacar? ¿En qué medida sería distinta tu vida si escogieras algunas «verdades» diferentes? Imagina, por ejemplo, que eres, y que siempre has sido digno/a de amor, que tus padres te amaron realmente y completamente por ser quien eres. Juega con esto. Pruébalo durante un día.

- Lee mucho. Lee filosofía, lee ficción, lee historia, lee poesía, lee biografías. Entra en otras mentes y otros puntos de vista. Aprende de ellos.

La autoestima es saber que vales como persona. Cuanto más elevada sea tu autoestima, más esperarás para ti mismo/a y de ti mismo/a, más apoyo te proporcionarás para realizar tus objetivos. Cuando sabes que eres valioso y competente, esperas relaciones y logros positivos, y probablemente los manifestarás. Cuanto más baja sea tu autoestima, más bajas serán tus expectativas.

En la vida, generalmente consigues lo que crees que te mereces.

«Me he pasado la mayor parte de mi vida confirmando mis ideas preconcebidas»

—ASHLEIGH BRILLIANT

La Vergüenza

*«Decir "Me amo a mí mismo" puede convertirse en tu herramienta más poderosa para sanar la vergüenza que te ata.
Amarte verdaderamente transformará tu vida»*

—JOHN BRADSHAW

La vergüenza es un sentimiento profundo e incómodo que está al acecho en el filo de todas nuestras decisiones. Está conectada con aspectos de nosotros mismos que están fuera de nuestro control. Tiene que ver con quién somos —tener la forma o el color equivocados, ser incompetentes o estúpidos, no ser suficientemente buenos—. La vergüenza no es algo que se pueda «reparar» fácilmente.

La vergüenza es algo que se suele instalar temprano en la vida mediante reprimendas, ridiculizaciones, amenazas, rechazos u otras formas de maltrato y desatención. Muchos padres utilizan la vergüenza como una forma de controlar el comportamiento y provocar la conformidad. Manipulan dos de las necesidades humanas más básicas: pertenecer a nuestra unidad familiar original y ser amados por ser quien somos.

Los niños, al observar este tratamiento, creen que lo merecen. Llegan a la conclusión de que son defectuosos de algún modo profundo e innombrable. Al tener la necesidad de idealizar a sus padres porque su existencia misma, su supervivencia y su lugar en el mundo dependen de ellos, tienden a interiorizar las críticas y a culparse por sus propios «defectos». Esto, por supuesto, agranda el dolor y la complejidad del problema.

Las constantes afirmaciones como «No vales nada», «Eres malo», «¿Quién te crees que eres?», y el clásico «¡Qué vergüenza!», pueden paralizar a los niños. Estas afirmaciones juzgan, critican y acusan. Estas afirmaciones pueden ser sutiles, pero pueden calar muy hondo.

Por contraste, si tus padres te dijeron: «No me gusta lo que has hecho», pueden haber evocado un sentimiento de culpa, de culpa específica, limitada al acto. Si fuiste capaz de corregir el error, la culpa se liberó —o debería haberlo hecho— y aprendiste la habilidad de juzgar y obtuviste sabiduría. Cuando, por otro lado, tu mal comportamiento era recibido con afirmaciones contra ti, dabas un salto desde lo que habías hecho (comportamiento específico) hasta quién eres (concepto de uno mismo). «Hice algo estúpido» se convierte en «Soy estúpido.» «He cometido un error» se convierte en «Soy un error.» O el comportamiento podría haber sido corregido pero no perdonado. El sentimiento de culpa apropiado, relativamente fácil de corregir y de disipar, podría convertirse en una rutina y en vergüenza. El salto desde lo que he hecho hasta quién soy podría haber crecido más aún cuando las palabras «nunca» o «siempre» fueron incorporadas. Una simple palabra de orientación pronunciada de forma descuidada puede provocar una avalancha de vergüenza.

Tanto las reglas familiares que son habladas como las que no lo son, como «¡No me contestes!» (o «No hables») y «No expreses tus sentimientos» (o «No sientas»), agravan el aislamiento, la confusión y las heridas. Encubrir problemas como el alcoholismo, el incesto o la violencia añade capas de vergüenza y de parálisis. La vergüenza personal de un padre puede enseñarle al niño a sentirse impotente.

La unidad primaria más importante a la que pertenecemos, y la que necesitamos para nuestra supervivencia, puede astillarse en fragmentos antagónicos en los cuales padres e hijos se aíslan en la desesperanza y la impotencia. Cuando esto sucede, nuestra necesidad original de amor y aceptación queda insatisfecha.

Cuando la confianza y la habilidad para comunicarse están ausentes, la única persona con la que quizás podamos hablar es con nosotros mismos. Y, por supuesto, todo ser humano tiene una perspectiva limitada. En nuestra conversación con nosotros mismos, por lo tanto, podemos volver a oír las palabras de estas personas importantes y continuar avergonzándonos. O quizás reconozcamos la injusticia y la falta de veracidad de estos juicios y dirijamos nuestra justificada rabia hacia afuera; o podemos dirigirla hacia adentro y asumir más culpa de la que nos corresponde. Podemos renunciar a cualquier responsabilidad o a toda responsabilidad, distanciarnos de nuestra familia y rechazar aquellas partes de nosotros mismos que desean su amor. Quizás aprendamos a protegernos del dolor, o aprendamos a proteger la «verdad» que creemos conocer: que no valemos nada. Encubierta, escondida de nosotros y de los demás, la vergüenza puede ejercer su desagradable influencia en una multitud de comportamientos, tanto sutiles como abiertos, que son destructivos para nosotros mismos y/o para los demás.

Si la fuente principal de la vergüenza es, entonces, nuestra experiencia temprana con nuestros padres, debemos aprender a defendernos contra los mensajes que nos mantienen impotentes. Si somos capaces de identificar nuestras primeras heridas, podemos prestarles la atención que necesitan para sanar. Necesitamos hacer esto con el fin de aprender a no infligir estas mismas heridas en nuestros hijos y en otros seres queridos. Esto no es fácil. Es un trabajo heroico.

Nada nos defiende de los estragos internos de la vergüenza más que la seguridad del amor incondicional de nuestros padres o tutores, especialmente el tipo de amor que nos ve y nos aprecia por lo que somos, que respeta nuestros sentimientos y acepta nuestras diferencias y peculiaridades. Nada parece crear una vergüenza más profunda que la falta de este tipo de amor.

* * *

La vergüenza es común tanto en los hombres como en las mujeres, y existen similitudes en su forma de enfrentarse con ella. Ambos tienden a taparla con posesiones, con la apariencia, con el comportamiento y con logros. Ambos se convierten en «hacedores humanos» que hacen cantidades de cosas para demostrar que están bien (aunque ellos mismos no lo creen), y para defender ese lugar herido que hay en lo más profundo de sí mismos. La investigación actual identifica a la vergüenza como un elemento importante en la agresión —incluida la violencia del maltrato a las mujeres— en adicciones, obsesiones, el narcisismo, la depresión y otros numerosos síndromes psiquiátricos.

Y también existen diferencias en la forma en que hombres y mujeres se enfrentan a la vergüenza. Las mujeres generalmente tienden a dirigir su vergüenza hacia sí mismas, castigándose por ser inmaduras, estúpidas, poco atractivas, incapaces de amar, incapaces de «encajar». Se esfuerzan demasiado y dan demasiado, cuidando de los demás sin cuidar de sí mismas. Con el alto índice de depresión femenina debido al odio interiorizado hacia sí mismas, nuestros hospitales psiquiátricos están llenos de mujeres.

La vergüenza del hombre, por otro lado, deriva más de la debilidad, la incompetencia, la incapacidad sexual y el sentimiento de estar necesitado y ser vulnerable. Los hombres son educados para ser todas las cosas para todas las personas, para tener razón y ser fuertes, para ser dignos de confianza, responsables e independientes, para ser buenos proveedores y para que tengan todas las respuestas. Cualquier cosa que amenace esta imagen de sí mismos, incluso el cometer un error, puede mostrar la vergüenza y desencadenar la rabia. Los hombres suelen canalizar esta rabia. La dirigen hacia los demás, llenando nuestras prisiones y nuestras celdas.

* * *

A menudo, los sentimientos de vergüenza son difíciles de identificar, y puede ser necesario prestar muchísima atención. He aquí algunas maneras que puedes empezar a utilizar para trabajar estos sentimientos más oscuros y liberarte de ellos:

Ejercicios:

- Investiga la fuente. ¿Qué o quién te juzga? ¿Tu madre? ¿Tu padre? ¿Tus amigos? ¿Qué o quién te ha avergonzado? Sepárate de esa fuente. Nota cómo tú continúas haciéndolo contigo mismo/a.
- Cuestiona la autoridad. De niños, necesitábamos y aceptábamos ciegamente la orientación de todas las autoridades. Como adultos, necesitamos cuestionar y discernir en qué autoridad (si alguna) creeremos, confiaremos y seguiremos, y hasta qué punto. Tenemos la opción.
- Enfréntate a la vergüenza. Identifica y corrige los comportamientos específicos que sean patrones de autocastigo. Decide dejar de castigarte. Tengo un amigo que dice: «Cuando derramaba algo solía decir, 'Qué estúpido, ¡soy tan torpe!' Ahora digo: «'Eso fue una tontería'. No es una crítica, es sólo un comentario».
- Ponlo en perspectiva. Tu fracaso o defecto individual percibido es compartido por miles de personas. No estás solo/a. Busca amigos, tanto en persona como en libros. Toma prestada su sabiduría y estrategias de sanación.
- Rompe el silencio. Habla con personas de confianza, que no te juzguen. Habla con un amigo, un terapeuta o un grupo de apoyo de confianza. Podrías compartir un poquito, luego comprobar que todo esté bien; si todo está bien, puedes contar un poquito más.

- En lugar de convencerte de que debes sentirte culpable o avergonzado/a, ¡convéncete de lo contrario! Escucha con atención lo que te estás diciendo a ti mismo/a. ¡Luego respóndele a tu conversación contigo mismo/a!
- Ríete de tu humanidad, de tu debilidad. Podrías empezar por contarle a alguien tus momentos más embarazosos.
- Aligérate. Consigue una perspectiva distinta. Una mujer, por ejemplo, le contó alegremente a su grupo de apoyo que era lesbiana. El grupo entero contestó con un «¡Y qué!»
- Escribe una historia familiar. Recuerda algo que sucedió y tuvo una repercusión negativa. Hazle un marco nuevo y dale un final maravilloso.
- Habla contigo mismo/a como te hubiera gustado que tu padre y tu madre hubiesen hablado contigo. Ofrécete el aprecio, el respeto, el amor y el apoyo que necesitabas tan desesperadamente.
- Mejora tus habilidades comunicativas de manera que te resulte más fácil hablar con los demás.
- Desarrolla apoyos para ti mismo/a. Encuentra personas con las que puedas hablar, sentirte seguro/a y en las que puedas confiar, de manera que puedas ser quien realmente eres y divertirte con ellas.
- Descubre tu centro sagrado. Tu yo más profundo es sagrado, no profano. Reclama esa parte de ti que sabe que ama y es digna de amor, entera y valiosa, sabia y maravillosa.

Cuando eras un niño, o una niña, no tenías control sobre los acontecimientos de la vida. Ahora es diferente. Puedes continuar recreando el pasado, como cuando uno funciona en automático, o puedes tomar conciencia, tomar el control de tu vida y crear un futuro diferente. El pasado no tiene porqué convertirse en el futuro. El mejor lugar para empezar es con el compromiso de ser honesto contigo mismo y ofrecerte apoyo. Después examina y discierne lo que heredaste de la sociedad, de tus padres, de la televisión, de personas significativas y de la iglesia. Examina y arregla la confusión. Desenreda y deshaz los nudos que te atan.

Ámate a Ti Mismo

«Siento que toda enfermedad está finalmente relacionada con una falta de amor, o con un amor que es solamente condicional, pues el agotamiento y la depresión del sistema inmunológico que se produce lleva a una vulnerabilidad física. Siento, también, que toda curación está relacionada con la capacidad de dar y de aceptar un amor incondicional»

—Dr. Bernie Siegel

La autoestima depende del amor incondicional: un amor sin cuerdas atadas a él; amor con respeto, aceptación, compasión, aprecio, empatía y calor; un amor que dice: «Independientemente de lo que hagas, te quiero y te acepto por lo que eres.» Conozco un padre que le dijo a su hijo: «Incluso si te pasas tres años en el preescolar, te seguiré queriendo. No me gustará, pero te seguiré queriendo».

El amor condicional, por otro lado, es un amor que se apaga y se enciende. Manipula el comportamiento diciendo: «Te quiero cuando..., porque... o si haces lo que yo quiero que hagas.» Algunos padres sólo le demuestran afecto a su hijo, o su hija, cuando ha hecho algo que les agrada. «Te quiero, cariño, ¡porque has limpiado tu habitación!» Los niños que creen que tienen que ganarse el amor se convierten en personas que están orientadas a complacer a los demás, o son perfeccionistas. Aquellos que son criados con un amor condicional nunca se sienten realmente queridos.

* * *

En algunas personas, parece haber un conflicto entre el amor por uno mismo y el respeto por uno mismo. Los hombres, especialmente, a los que se les enseña a ser más estoicos con sus sentimientos, pueden confundir el amor por uno mismo con el ser permisivo con uno mismo, y se cierran a la «suavidad» cariñosa de la idea.

El amor por uno mismo puede parecer una línea tramposa por la que hay que caminar entre la aceptación de uno mismo y la fuerza de carácter.

Según el diccionario, el respeto significa «tener un buen concepto de». Cuando te ofreces respeto, deseas vivir a tu altura, con integridad. Cuando te amas a ti mismo, entonces puedes amar verdaderamente a los demás.

Cuando tú naciste, eras total y completamente amor. Pero quizás tus padres no fueran capaces de verlo. Quizás no se amaban a sí mismos y no podían, por lo tanto, adorarte. Quizás ellos mismos nunca habían sido amados y estaban vacíos. Al final de su vida, mi madre se preguntó: «¿Cómo podía yo amar si nunca me habían amado?» Me habló de cuánto había echado de menos el amor de su propia madre. La historia, desgraciadamente, tiende a repetirse.

Cuando era niña me consideraba fea. Mis padres nunca me dijeron que era hermosa. Muchos años después mi preciosa hija me recordó a fotos mías de pequeña. Sumé dos más dos, y ¡arrecia! Si ella es guapa, yo también debo haberlo sido. Si ella es encantadora, yo debo haberlo sido también. Volví a contemplar mi imagen de pequeña y sentí que algunas creencias de la vieja oruga empezaban a agrietarse y a derrumbarse. Mis «verdades» de la infancia sencillamente no eran ciertas.

Si no te amaron incondicionalmente cuando eras niño, o niña, ahora puedes ofrecerte el regalo más valioso. Dite a ti mismo/a con frecuencia «Me quiero totalmente y completamente». El amor sana a las personas —a las que lo dan y a las que lo reciben—. Eres valioso/a. Eres digno/a de amor. Adórate. Lo mereces.

Ejercicios:

- Busca algunas fotos de cuando eras un bebé. Si no tienes ninguna, usa tu imaginación. Imagina a tu pequeño ser cobrando vida y moviéndose. Contempla tu cuerpo de bebé con sus deditos diminutos y sus uñas perfectas; cuenta los dedos de tus pies. Percibe tu rara y esencial belleza, por dentro y por fuera. ❣

❣ Ahora, invita a este yo-niño/a a sentarse en tu regazo. Envuélvelo con tus brazos. Invítalo a que te hable. Escucha, escucha. Quiere y adora a este niño o niña. Quiere y adora a esta parte de ti mismo. ❣

❣ Imagina lo que necesitabas oír hace muchos, muchos años. Susurra esas palabras a tu niño o niña interior. «Eres guapísimo/a. Tienes unos ojos espectaculares.» Dile a este niño/a: «Te acepto y te quiero totalmente y completamente.» Comprométete a ser el mejor amigo, o amiga, de tu niño/a interior hasta el final. Llena el agujero de tu alma con amor total, sin cuerdas atadas, hacia ti mismo/a —tal como eres. ❣

La Regla de Oro de la Sanación: «Trátate a ti mismo como te hubiese gustado que tus padres te trataran». Ahora que eres un adulto, puedes ofrecerte la atención y la compasión que quizás no recibiste: aceptación, respeto, amor incondicional, protección, comprensión, aprecio. Al convertirte en tus padres, puedes terminar lo que quedó sin terminar en tus primeros años y sanar las heridas.

Todo cambio pequeño que hagas formará ondas en el lago de tu vida. Antes de que te des cuenta, estarás surgiendo de tu capullo con la energía de la mariposa que solías ser.

Descubre y Reclama las Partes Que te Faltan

«La verdad es que no hay nada dentro de nosotros mismos que pueda hacernos daño; es únicamente nuestro miedo de experimentar nuestros propios sentimientos lo que nos mantiene atrapados»

—SHAKTI GAWAIN

Cada persona tiene muchos aspectos distintos del Yo. Algunos son visibles, otros no lo son. Es importante evaluar, no sólo las cualidades que queremos que el mundo vea, sino también aquellas que han sido empujadas hasta el fondo. Los diseños de nuestros estilos de vida cotidianos pueden forzarnos a realizar roles sociales que nosotros no escogeríamos; por ejemplo: un jefe autoritario, una secretaria sumisa, un aburrido trabajador de línea de producción, un padre que trabaja demasiado, una madre exhausta, una niñera de mala gana, etc. Con frecuencia, esto es todo lo que los demás ven en nosotros, y después de un tiempo podría volverse difícil recordar todas las otras partes de quien somos.

Para estar enteros necesitamos descubrir y recuperar aquellas facetas que hemos ignorado, negado o desatendido. Un desarrollo sano exige que tengamos el valor de contemplar el conjunto y reclamar las piezas que faltan. Podrían enriquecer nuestras vidas. Podríamos descubrir, o redescubrir, por ejemplo, un antiguo amor olvidado por cantar, escribir, tejer, por hacer excursiones, por bailar el vals, por jugar a las cartas o por los debates políticos. Necesitamos encontrar un lugar para estas cosas en nuestras vidas.

* * *

Cuando me estaba preparando para los exámenes de mi doctorado, hace muchos años, me encontraba dominada por un intenso conflicto. Al examinarlo, me di cuenta de que los mensajes de «no seas lista» de mi niñez se estaban alzando para sabotearme. Durante años nadie me había animado a desarrollar mi capacidad intelectual ni a estar orgullosa de ella. Después de mucha angustia pude reorganizar mi pensamiento. Afirmé que es adecuado y bueno ser listo, y yo soy lista. El conflicto se alejó. ¡Di mis exámenes y los pasé!

A muchas mujeres se les ha enseñado a negar o a minimizar su inteligencia y las cualidades fuertes que pueden ser «poco femeninas» e intimidar a los hombres. Muchos hombres han sido educados para negar y devaluar las cualidades «suaves», los sentimientos de ternura y de sensibilidad, por ejemplo, los cuales creen que los hará menos «masculinos». Sin embargo, la fuente de transformación personal se encuentra, con frecuencia, pasando por las partes de nosotros mismos que han sido negadas, desatendidas o cerradas a nuestra consciencia.

Explorar lo desconocido puede ser atemorizante. Sin embargo, mantener escondidas algunas partes de nosotros mismos tarde o temprano consume nuestra energía y nuestra creatividad, y es una pérdida de potencial. Una forma bastante fácil de abrir nuevas fuentes de energía es, por lo tanto, sencillamente volver a formular y reclamar la energía existente de nuevas maneras. Quizás destapemos tesoros inesperados. En esta limpieza primaveral personal, también podríamos descubrir temas que ya hemos superado y que ya no nos sirven.

Ejercicios:

- Haz una lista de algunas características tuyas de niño/a. ¿Eras confiado/a, atlético/a, inquisitivo/a, listo/a, tenaz, artista, honesto/a, juguetón/a, emotivo/a, musical, ansioso/a por aprender? ¿En qué eras bueno? ¿Cómo era eso?
- Recuerda la respuesta de tus padres a cada una de tus cualidades. ¿Cuál de ellas apreciaron y estimularon? ¿Cuál desalentaron? Contempla cada cualidad como si fueses tu propio comprensivo y amoroso padre o madre.
- Ahora puedes elegir lo que vas a hacer con ello, cómo expresarlo, reprimirlo o canalizarlo mientras encaja en tu vida. ¿A qué áreas deseas prestar atención, desarrollar o cambiar? ¿Cómo podrías empezar a hacerlo? A mí, por ejemplo, me gusta bailar, pero casi nunca lo hacía. De modo que conseguí una lista de los grupos de baile en la ciudad. Ahora voy a bailar varias veces al mes.

Sé consciente de las distintas partes de ti mismo/a y las muchas representaciones que ostentas. Como piezas de un puzzle, cada una de las facetas te pertenece. Y cada parte restaurada es un paso que te acerca más a la integridad, la armonía y la salud.

Pensar en Todo o Nada

«Los pechos vienen en dos tamaños:
demasiado grandes
y demasiado pequeños»

—ANÓNIMO

«O soy perfecto, o soy un perfecto fracaso.» «O no confío para nada, o confío demasiado.» «O me siento estupendamente, o terriblemente mal.» «O bien no necesito a nadie, o bien lo necesito tanto que no puedo vivir sin él.» «O soy totalmente responsable o soy totalmente irresponsable.» Este pensamiento de extremos es demasiado familiar para los hijos de familias con problemas.

Todo es blanco o negro, no hay término medio. Las cosas van muy bien, o muy mal. Esta forma de pensamiento de todo-o-nada produce ansiedad, destruye la serenidad y hace estragos en la autoestima.

La mayor parte de la gente experimenta ocasionalmente períodos en los cuales la vida no es como debería ser y todo parece ir fatal. No obstante, como una tormenta de verano, estos momentos pasan con rapidez y refrescan el ambiente. Como sucede con el tiempo, muchos factores influyen en nuestros humores, nuestra energía y en nuestras actitudes. El sol, o la falta de él, la presión atmosférica, las hormonas y los biorritmos personales pueden romper el equilibrio y también pueden aportar riqueza. Luego, el equilibrio es recuperado y la vida continúa. Sin embargo, el pensamiento de extremos provoca más problemas que cualquier otra de estas influencias naturales.

En una ocasión le pregunté a un médico de los Cuerpos de Paz que regresaba de Oriente Medio cómo era el paisaje. Guiñándome un ojo, me contó que había aprendido a apreciar los tonos sutiles del marrón. A medida que vayamos aprendiendo a distinguir y a apreciar los muchos tonos de marrón y de gris que hay en nuestras vidas personales, encontraremos más disfrute y más paz.

Ejercicios:

- Vigila los extremos en tu modo de pensar. ¿Saltas de «Todo es maravilloso» a «Todo es espantoso»? ¿Son las cosas o bien un «Diez Perfecto» o bien un «Gran Cero»? Identifica lo que haces y escríbelo en tu diario personal.

- Ahora, escribe alguna frase del tipo «estupendo» (Diez Perfecto) en la parte superior de una hoja de papel y la correspondiente frase del tipo «espantoso» (Gran Cero) en la parte inferior e intenta llenar los números 9, 8, 7, 6, 5, 4, 3, 2 y 1. Si, por ejemplo, escribiste, «Todo ha ido mal» como el «0», haz una lista de algunas cosas que no hayan ido mal. Estira tu imaginación para ver cuántas ideas se te ocurren para desarrollar tu escala de grises.

El dualismo (el pensar en o tal cosa o tal otra) es una construcción de la mente. Polariza los opuestos. En lugar de eso, piensa en círculos; pensando en términos de además/y, puedes ver las conexiones entre el blanco y el negro, y llegar a comprender su relación. Sin los dos lados, la moneda no vale nada.

Aliviar la Tensión

«Nos estamos preguntando a nosotros mismos qué es real, qué es honesto, qué es calidad, qué se valora, qué es realmente importante»

—FAITH POPCORN, FUTURISTA

En este siglo han surgido una multitud de enfermedades relacionadas con el estrés y con el sistema inmunológico. El ritmo de vida al final del siglo veinte se ha acelerado como alma que lleva el diablo. La vida en el carril rápido es abrumadora y agotadora, y provoca un estrés que no es saludable para ninguna criatura viviente. Con tanta presión de tiempo y una ansiedad tan intensa, queda poco sitio para el juego y la risa, para la familia y los amigos, y para otras cosas que hacen que la vida valga la pena.

El décimo mandamiento de Dios fue «recordad el Sabbath y que siga siendo sagrado». El Sabbath, del cual deriva nuestra palabra Sábado, viene de la palabra hebrea *Sabbat*, que significa «sentarse». Nos hemos olvidado de sentarnos, simplemente sentarnos, y mantener la mente centrada en cosas superiores.

Cuando era niña, el Domingo era el día tradicional de descanso; empezaba con toda la familia yendo a la iglesia. Cuando los primeros supermercados intentaron abrir los festivos, las mujeres de la iglesia hicieron piquetas en protesta. Al principio las ventas eran bajas los domingos, hasta que las tiendas empezaron a ofrecer ofertas especiales para atraer al público en su día de descanso.

Con el tiempo, esta práctica ha producido cambios dramáticos en nuestra sociedad —los cuales hemos llegado a aceptar como algo normal—. El único día a la semana designado para el descanso y la recreación es, para la mayor parte de los americanos, tan ajetreado y febril como el resto de la semana.

Relajarse, hoy en día, puede ser tan estresante como trabajar. Puede suponer un equipamiento complicado y caro, unas vacaciones frenéticas, una planificación cuidadosa y cientos de detalles. Puede significar pasarse horas en autopistas atestadas de coches. Puede significar perder muchísimo tiempo y gastar muchísimo dinero en experiencias cuidadosamente diseñadas por los medios de comunicación, como son el cine y los parques de diversiones. Los días de verdadero descanso y relajación son demasiado escasos.

Ejercicios:

- Simplifica tu vida para reducir el estrés y aliviar la presión horaria y económica. En tu trabajo, y en tus relaciones, recuerda el lema M.C.S.C.: Mantén las Cosas Simples, Cariño.

- Pasa algún momento a solas todos los días. Una pausa de cinco minutos puede cambiar las cosas. Tómate varias mini-vacaciones durante el día. Puedes recordar o imaginar que estás en un crucero o en una maravillosa playa tropical. Aprende otras técnicas de relajación.
- Duerme lo suficiente. Tu cuerpo lo necesita.
- Vive un día a la vez. Gran parte de la ansiedad reside en el pasado o en el futuro, en preocupaciones acerca de lo que ya ha ocurrido o lo que podría ocurrir. Vivir en el presente reduce el estrés.
- Renuncia a ser una superpersona. Baja las expectativas poco realistas de ti mismo/a. Intenta evitar las cosas que aumentan tus niveles de tensión.
- Juega más. Pon más diversión y risa en tu vida. Haz ejercicio y disfruta de tu cuerpo. Pasa un tiempo no planificado con amigos, y observa lo que sucede.
- Consigue una mecedora o una hamaca para tu porche. Utilízala con regularidad.

Respira

«En inglés, aspirar es inspirar —recibir al espíritu—. Exhalar, o espirar, significa dejar ir al espíritu. Toda la vida puede observarse como un recibir y un dejar ir de movimiento y de descanso, de controlar y de soltar»

—REGINA SARA RYAN Y JOHN W. TRAVIS, M.D.

Una amiga mía guitarrista observó al público que había en su sala de estar y comentó: «Se puede distinguir los que vienen de familias disfuncionales —¡son los que no respiran!—.» Las emociones están muy conectadas a la respiración. Si nuestra respiración es, por lo general, poco profunda, podríamos estar tapando nuestros sentimientos. Cuando respiramos, los sentimientos fluyen por nosotros como el viento en los árboles.

Respira profundamente y con control ahora mismo. Aspira. Espira. Repítelo. Nota lo que sucede. A medida que la respiración se va haciendo más profunda, la tensión disminuye; a la inversa, a medida que la tensión disminuye, la respiración tiende a hacerse más profunda.

A medida que la tensión se incrementa, la respiración se torna más superficial y la tranquilidad mental y la autoestima se ven afectadas. El cuerpo, amenazado por el exterior o por pensamientos perturbadores interiores, reacciona para protegerse. La respuesta resultante, de «luchar o huir» ponc en marcha una serie de respuestas automáticas que afectar al ritmo cardíaco, al fluir de la sangre a los músculos y al ritmo de la respiración. El oxígeno tiene la función de darle vida al cuerpo, dándole vitalidad a todas las células. Cuando la respiración se limita o se reprime, el cuerpo no recibe el oxígeno que necesita para llevar a cabo las funciones necesarias. Puede sobrevenir irritación, somnolencia, jaquecas o síntomas más serios.

Cuando los niños pequeños llegan a la conclusión de que el mundo no es un lugar seguro, a veces contienen la respiración para controlar sus sentimientos y para adormecer el miedo. Muchos continúan restringiendo su respiración, para intentar protegerse contra los miedos y los riesgos de vivir la vida a fondo.

La medicina oriental y todas las prácticas de la energía sutil se basan en los sistemas del chi. El chi, o prana, es la fuerza vital que recogemos cuando respiramos. ¿Conoces a alguien que tenga más energía de lo normal? Presta atención a su respiración.

Cuanto más consciente es la gente de su respiración, más acceso tiene a su propia energía vital. Cuando no respiramos profundamente, nuestras mentes pueden llenarse de ruido, parloteo y de preocupaciones, lo cual puede afectarnos en forma negativa. Los sentimientos se atascan. Como resultado, somos menos eficientes y no nos divertimos tanto.

Ejercicios:

- ¡Haz ejercicio! Haz un ejercicio vigoroso por lo menos en días alternos. Selecciona una actividad que te ayude a respirar a fondo y a reponer el suministro de oxígeno de todo tu cuerpo. Caminar es excelente.
- Libérate de la tensión controlando tu respiración. Siéntate derecho/a y concéntrate en tu respiración durante algunos minutos. Al aspirar, piensa: «Yo estoy...», y al espirar: «...relajado/a». A continuación hazlo con los ojos cerrados. También puedes aspirar mientras cuentas hasta diez y espirar mientras cuentas hasta diez. Hazlo durante cinco o diez minutos; te sentirás completamente renovado.
- Pon la mano sobre tu pecho y llena tus pulmones por completo. Ahora espira por completo. Pon tu otra mano sobre tu abdomen. Aspira otra vez, llenan-

do tu vientre, de manera que se mueva ahí donde está tu mano. Espira. Ahora llena tus pulmones y tu vientre. Espira. Ésta es una respiración profunda que llena cada uno de tus diminutos alvéolos, y tienes billones de ellos. Cuando espires, acuérdate de dejar salir todo el aire que puedas, para extraer el viejo aire que hay en todos los rincones de tus pulmones.

* * *

A medida que las orugas se van deshaciendo de las capas que las aprietan, van surgiendo nuevos colores y diseños que indican que la metamorfosis está en marcha. Como quien se libera de un jersey demasiado apretado, el incómodo proceso deja más espacio para respirar. Para nosotros, los seres humanos, es lo mismo. A medida que nos vamos desprendiendo de las capas que han impedido nuestro desarrollo e impedido nuestro crecimiento, van emergiendo nuevos comportamientos que indican que la metamorfosis está en marcha.

Hace falta tiempo y valor para examinar las creencias, los juicios, las opiniones y las percepciones que ya son anticuados —y todas las pruebas que hemos recogido para demostrarnos a nosotros mismos que son ciertos—. La metamorfosis nos llama a volver a tejer el tejido de nuestras vidas. Necesitamos analizar los hilos que han puesto zancadillas a nuestra autoestima, mutilado nuestra valoración de nosotros mismos y estrangulado nuestra creatividad. Tenemos que percibir los patrones problemáticos y desenredar los nudos. Lo que ha sido aprendido no puede «des-aprenderse». Es hora de dejar ir los pensamientos y los comportamientos que no funcionan y aprender aquello que nos ayudará a prosperar en el mundo.

Esto no es algo fácil para nosotros, los humanos, que tenemos capas y capas de historia que ha sido recogida fastidiosamente y cuidadosamente atesorada. Pero tenemos el poder de cambiar. Siempre hay otra oportunidad para deshacernos de aquello que no deseamos y reemplazarlo con lo que sí deseamos.

Es necesario que estemos dispuestos a ser completamente honestos con nosotros mismos y a asumir el compromiso de hacerlo. Hace falta tener el valor de aprender nuevas habilidades, ver con ojos nuevos y avanzar hacia una nueva relación con uno mismo, con los demás y con la vida. Al crecer y caminar solo, te conviertes en la persona maravillosa que estabas destinado a ser.

7

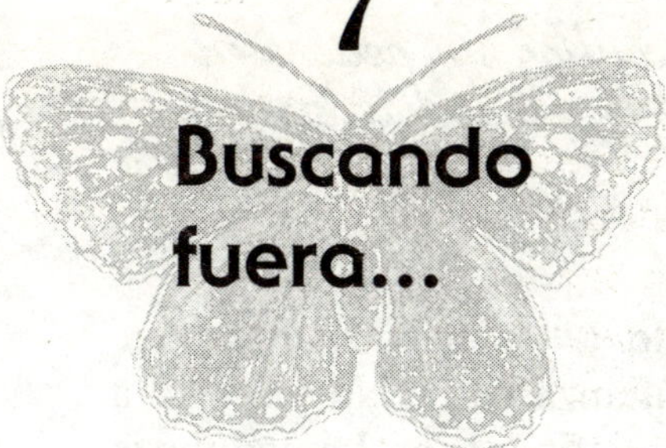

Buscando fuera...

> «Cuando uno es un extraño para uno mismo, entonces uno es un extraño, también, para los demás. Si uno no está en contacto con uno mismo, entonces uno no puede contactar con los demás... Únicamente cuando uno está conectado con su propio centro, uno está conectado a los demás»
>
> ANNE MORROW LINDBERGH

Todo en el Universo está conectado a todo lo demás. No es ningún secreto místico que cuando tu autoestima aumenta, también aumenta tu estima de los demás e, igualmente, ellos te estiman más ti. Al comprenderte y aceptarte a ti mismo, comprendes mejor a hombres, mujeres y niños —y sientes compasión por ellos.

Estos cambios tienen un efecto de onda y se extienden a toda tu comunidad. Cada relación sana que alimentas te aleja más de los patrones enfermizos. No importa con quién tengas esta relación, tus relaciones futuras serán mejores gracias a ella... y tú también lo serás.

Este capítulo trata acerca de las maneras de conectar con los demás —las cosas que hace una «mariposa» social.

La Confianza

«Creo que podríamos confiar sin peligro en muchas más cosas de lo que lo hacemos»

—Henry David Thoreau

En mis talleres les pido a los participantes que completen la frase: «La confianza es...». No importa a dónde vaya, oigo las mismas definiciones. La confianza es un acto de fe, creer en el otro, honestidad, confidencialidad, previsibilidad, estar dispuesto a ser vulnerable, la capacidad de avanzar, sentirse seguro y la base para la seguridad y la intimidad. Después pregunto: «En una escala del uno al diez, ¿cuán importante es la confianza para ti?» Empiezo a contar, viendo cómo van alzando las manos. No importa dónde me encuentre, cuando llego al diez, tengo ante mí una habitación llena de manos alzadas. Cuanto mayor es la confianza, menos necesita la gente tener miedo, retraerse o estar en guardia. Por razones básicas, la confianza es crucial.

¿En quién confiamos en la vida? ¡En gente digna de confianza! Cuanto más dignos de confianza sean, más probable será que nos arriesguemos a abrirnos con ellos. Esto funciona en los dos sentidos. Cuando nos perciben como dignos de confianza, los demás estarán más dispuestos a ser honestos y abiertos con nosotros. Crear confianza es una calle de dos sentidos. Cuando se da la confianza, existe una base de seguridad en la cual las historias (y los sentimientos) pueden desplegarse y las personalidades pueden florecer.

* * *

Yo fui educada en la filosofía de que las personas son inherentemente pecadoras, fundamentalmente malas. Al creer eso también acerca de mí misma, no confiaba en mis deseos ni en mis necesidades, ni en mi intuición; luchaba constantemente contra mí misma y siempre sentía como si estuviese nadando contracorriente. Tampoco confiaba en los demás. Para mí, la propia naturaleza humana era sospechosa.

En el departamento de graduados aprendí, a mi sorpresa, que la naturaleza humana no se inclina, por lo general, hacia el mal; más bien, es neutral o tiende hacia el bien. Después de darme cuenta de esto, empecé a trabajar para construir mi propia confianza por mí misma, poco a poco, y también me permití confiar en otras personas que seleccioné, que finalmente se convirtieron en amigos míos.

La confianza no es un arreglo de «o esto / o lo otro», sino que va en aumento. Compartes un poco, luego compruebas que todo esté bien; si todo parece estar en orden, puedes compartir un poco más. Da una oportunidad a los demás, puedes ir poco a poco al principio. Elige ser un poco más confiado, o confiada.

Aprende a confiar en tu cuerpo, en tu intuición, en tus juicios. Parte de este proceso implica identificar las situaciones en las que no confías en ti mismo, o en ti misma (al estar cerca del chocolate, quizás, o en ciertas situaciones románticas, o con las tarjetas de crédito). Luego sigue los pasos necesarios para ser más digno de confianza ante ti mismo, y ante tus hijos y amigos.

Esto no es fácil para la gente que proviene de familias disfuncionales, pero es esencial para la salud y la felicidad. Al hacerlo crearás un entorno en el cual la seguridad y la honestidad, el amor y la conexión, pueden florecer.

Ejercicios:

- Satisface las necesidades del niño o la niña que hay en ti (el «niño interior») y de tus niños «exteriores», si tienes hijos, y de tu yo adulto.

- Piensa en todas las personas en las que confías en tu vida. ¿Por qué confías en ellas? ¿Hasta qué punto confías en ellas y en qué circunstancias?

- He aquí algunas otras maneras de incrementar tu confianza en las relaciones:
  - Acepta y respeta a otras personas por *ser quien son.*
  - Respeta las diferencias y aprende a disfrutar de las otras perspectivas.
  - Trata a los demás con el mismo respeto y cariño que te gustaría recibir.
  - Dedícales un tiempo confortable, de calidad. Está disponible para ellos.
  - Di lo que quieres decir —con tacto—. No hagas elogios que no sean sinceros.
  - Respeta sus fronteras. Respeta su privacidad. Guarda los secretos.
  - Hazles saber que pueden contar contigo.

La confianza es una opción. Cuando me preocupo porque mi hija deja su coche abierto, viaja sola o habla con extraños, ella me tranquiliza: «Elijo confiar en la gente.» Rara vez la decepcionan, y su vida es mucho más ligera y rica debido a ello.

Juega Más

«Si puedes caminar, puedes bailar.
Si puedes hablar, puedes cantar»

—DICHO DE ZIMBABWE

Crecer en medio de abusos, negligencia, adicciones y otros traumas es un asunto muy serio. Desde temprano aprendemos a no ser nosotros mismos, sino más bien a ser lo que sea o quien sea necesario para estar a salvo. La lucha por sobrevivir a la niñez impide un crecimiento y un desarrollo saludables.

Los niños de familias poco sanas han tenido que tomarse las cosas demasiado en serio en sus vidas, y se han perdido lo mejor de la niñez. ¡Pero no es demasiado tarde para subirse a la diversión! La vida es, de hecho, un asunto de risa. Cuando te ríes y juegas, tu autoestima aumenta, la tensión disminuye y el amor, simplemente, ocurre. La risa puede sanar al cuerpo y al alma.

Al conocido escritor Norman Cousins le diagnosticaron una enfermedad crónica que lo iba debilitando. Negándose a creer que sólo podía empeorar y luego morir, decidió hacer cualquier cosa y todo lo que pudiese para derrotar al proceso de la enfermedad. Eligió el buen humor como parte de su curación y llenó su habitación de hospital con risas. Con el tiempo, logró recuperar la salud perfecta. Imagínate lo que puede llegar a hacer por ti un poco de ligereza.

El lenguaje universal del juego es una de las cosas más saludables en cualquier cultura. Cuando jugamos encendamos la chispa original de la creatividad que hay en nuestro interior, la chispa que representa a nuestro yo más auténtico. Con el juego nos permitimos dar y aceptar regalos espontáneos de alegría. Cuando estamos relajados, nos abrimos a la comprensión de nuestra situación. Cuando nos divertimos, la vitalidad y la alegría de vivir impregnan todo nuestro ser.

La próxima vez que escuches que tu voz interior te dice que mantengas la boca cerrada y la ropa limpia, no seas tonto, o tonta, y no te rías... cuestiónala. La palabra *«silly»* (que significa «tonto» en inglés) no es una palabra de cuatro letras. De hecho, proviene de la raíz alemana *«selig»,* que significa bienaventurado.

Ejercicios:

- Busca el lado ligero de las cosas. Ríete más —de ti mismo/a y de los demás—. Una dosis regular de risitas y bufidos hace cosas maravillosas —incluso sorprendentes— por tu salud física y emocional y por tu bienestar.

- Pregúntale a los niños si puedes jugar con ellos. Los niños nacen con una alegría interior. El juego es tan natural para ellos como respirar. Ellos te dirán qué hacer. Relájate con ellos y deja que tus interacciones remuevan partes dormidas de tu ser —las partes de la mariposa mística— y le den vida, espontaneidad y alegría al momento. ❣

❣ Después de dejar este libro, haz alguna de las siguientes cosas: trepa un árbol, salta por la vereda, sé un payaso, haz una cara en el espejo, dile «Te quiero» a un osito de peluche, busca cosas que te hagan reír, ríe hasta que te duela el costado, simula algo, disfrázate. ¡Sé atrevido/a! ❣

❣ Haz del momento de la diversión una prioridad hoy y todos los días. ❣

Aprende a Escuchar de Verdad

«Dios nos dio dos ojos, dos oídos y únicamente una boca. Utilízalos en esta proporción»

—ANÓNIMO

La mayoría de las personas creen saber escuchar, sin embargo, pocas saben hacerlo de verdad. Saber escuchar nos mantiene sanos y felices y nos ayuda a descubrir que tenemos historias que contar.

Las personas que saben escuchar se toman el tiempo necesario para estar disponibles para su familia y sus amigos. Se ponen de lado para estar en el lugar del otro. Esta calidad de atención dice: «Eres importante e interesante y vale la pena escucharte.» Su autoestima sube, entonces, unos cuantos puntos.

Ejercicios:

Invita a alguien a que te cuente una historia para que puedas practicar la escucha activamente:

- Muéstrate interesado/a, e interésate. ¿Qué le está diciendo tu lenguaje corporal a la persona que te habla? Prueba a inclinarte hacia adelante, mirándola a los ojos. ¿Esto hace que se sientan cómodos? ¿Aumenta su entusiasmo por hablar contigo?

- Haz a un lado el juicio y la crítica. Erosionan la comunicación. Recuerda que lo han hecho con tus propias historias.

- Percibe los indicativos no verbales de la persona que habla, como tragar saliva, suspirar, la inflexión, la postura. Todas estas cosas realzan la historia.

- Haz preguntas que lleven a la persona a ir más lejos, si así lo deseas. «¿Y entonces qué pasó?», «¿Cómo fue eso?», «¿Cómo te sentías?»

- Ábrete para comprender sus sentimientos. ¿Qué hubieses sentido tú si te hubiese sucedido a ti? Esta capacidad de compartir el mismo sentimiento es la esencia de la empatía.

- Déjalos terminar su historia. A menudo es difícil no interrumpir y contar nuestras propias historias. Pero contente. No interrumpas. Muérdete la lengua. Ya tendrás tu turno.

- Finalmente, refleja este sentimiento. «Debes haber estado muy emocionado...», «Apuesto a que te asustaste cuando...». Permíteles que te corrijan, si es necesario, hasta que llegues a un entendimiento.

Si escuchaste bien y reflejaste con exactitud, la persona probablemente suspirará aliviada al verse comprendida, o quizás exclame emocionada: «¡Sí, tienes razón!». También pensarán que eres muy brillante e interesante. Las habilidades de escuchar bien son tan difíciles de alcanzar como aprender a conducir un coche. Pueden parecer extrañas al principio, pero con la práctica se convierten en tu segunda naturaleza.

Deja de Hacer Comparaciones

«Sé siempre una versión de primera categoría de ti misma, en lugar de ser una versión de segunda categoría de otra persona»

—JUDY GARLAND *A SU HIJA*, LIZA MINELLI

Yo solía comparar lo que había en mi interior con lo que había en el exterior de los demás. Es fácil ver en los demás las cualidades deseables que nos gustaría tener. Si utilizamos nuestras comparaciones para mejorar y para descubrir aspectos de nosotros mismos que no sabíamos que existían, están bien utilizadas. No obstante, si utilizamos las comparaciones para juzgarnos a nosotros mismos (o a los demás) duramente, esto daña nuestra autoestima y crea angustia en nuestras vidas.

¿Te comparas con los demás? ¿Con cuántos? ¿Con qué frecuencia? Piensa en lo que están haciendo al compararte. Generalmente, la gente encuentra la mejor cualidad en todos los demás, se compara desfavorablemente y se siente inadecuada e inferior; luego se apalea y se rebaja. La comparación establece una competencia enfermiza. Enemista a las personas, produce separaciones y refuerza la conformidad.

Siempre hay personas que son «mejores» o «peores» que tú en algo. Cuando te comparas, o te sientes suficiente o te sientes culpable. Se trata de un juego muy popular con recompensas temporales y superficiales o con consecuencias duraderas y profundas. La comparación es una medida muy pobre de tu valor real.

Ejercicios:

- Eres único/a. No hay nadie como tú. No es justo, por lo tanto, que te juzgues según los cánones de nadie. Establece o escoge los tuyos propios. Compárate únicamente contigo mismo/a.

- Celebra el ser único/a. Busca ser lo mejor que puedas. Expresa tu individualidad, tu personalidad.

- Puedes fortalecer las cualidades que te gustan de ti mismo/a buscándolas en otros. Disfruta de ellas y celébralas.

- Mantén la competencia en el lugar al que pertenece: en el campo de juego, donde todas las reglas son claras. La competencia puede ayudarnos a mejorar cuando la vemos como una oportunidad, no como un juicio. ❣

Cuando nos damos cuenta de que no somos adversarios de nadie, que realmente estamos juntos en esto, podemos crear relaciones y familias basadas en la cooperación y en la armonía. Al hacer esto tenemos que abandonar el pensamiento de «ganar/perder». Podemos diseñar situaciones de «ganar/ganar», en las cuales las necesidades de todo el mundo se satisfagan, y el éxito de todos sea valorado y apreciado.

Considera a los demás modelos que te pueden mostrar nuevas posibilidades. En lugar de rebajarte, utiliza a los demás para elevarte. Por ejemplo, si crees que Jane es una gran cocinera, no te pongas celoso/a; en lugar de eso, pídele una receta. Cambia tu conversación interior.

Al ver con ojos frescos, encontraremos en todas partes personas que nos inspirarán a nuevas alturas. Incluso los niños pueden ser nuestros modelos. Yo he aprendido algunas de mis lecciones más importantes de mis hijos.

Perdona y Olvida

«El perdón es la medicina preventiva fundamental, así como el más grande sanador»

—Marianne Williamson

Todos hemos sido heridos por los errores de los adultos clave en nuestras vidas. Y hemos herido a otros. El culpar y el sentirnos resentidos nos atrapa en el pasado, y nos hace víctimas en el presente. El perdón, por otro lado, nos libera de la prisión del dolor que no nos merecíamos.

El perdón no excusa el comportamiento. No significa la aprobación. Más bien, implica estar dispuestos a ver con compasión. El perdón significa que has decidido enfrentarte a los sentimientos negativos, dejarlos atrás y seguir adelante. La persona que te hizo daño probablemente hizo lo que hizo por su propia debilidad y sus limitaciones. No te lo merecías. Ahora puedes tomar la decisión de abandonar las cadenas que te atan —y arrinconarlas para siempre.

* * *

Durante medio siglo, mi relación con mi madre había estado llena de conflictos. Durante todos esos años, yo había buscado la sanación y la comprensión, y había trabajado por ello, sin éxito. Siendo yo una mujer adulta con hijos mayores, asistí a un taller en el cual hicimos un ejercicio sobre el perdón. Me di cuenta de que yo deseaba «dejarla ir» total y completamente.

Al día siguiente visité a mi madre de ochenta y ocho años en su residencia de ancianos. «Mamá, tenemos que hablar.» Ella escuchó pasivamente, hundida en una silla de ruedas. Con dificultad, admití mi parte en ello. «Sé que fui una niña difícil para ti.» Me disculpé por el dolor que le había causado. Le dije que había hecho un trabajo aceptable como madre y que yo estaba bien. Con los ojos cerrados, ella parecía irse por momentos; yo no estaba segura de que me estuviera escuchando. Continué, agradeciéndole las cosas buenas que había hecho por mí, y enumeré algunas de ellas (preparar buena comida, dejarme ir a la universidad, etc.). Luego le dije «Te quiero», sintiéndolo de verdad. Hice una pausa, sintiéndome completa. El silencio inundó la habitación. Le pregunté si había algo que quisiera decirme. Después de una larga pausa, dijo: «Perdóname.»

Esas fueron sus últimas palabras para mí. Murió tres días más tarde. Quizás ese perdón era lo que había estado esperando.

* * *

El perdón es un acto, no un largo proceso. Con el perdón nos desprendemos de las capas de oruga del pasado y sanamos nuestro recuerdo, y a nosotros mismos. Al aligerar nuestra carga, aligeramos nuestro viaje y hacemos que la metamorfosis marche en la dirección correcta.

Ejercicios:

- Escribe, en la parte superior de una hoja de papel, el nombre de una persona que te haya hecho daño. Luego haz una lista de sus transgresiones. Pasa tanto tiempo como consideres necesario haciendo esto.
- Pregúntate si estás preparado/a para deshacerte de esta carga. ¿La has cargado durante suficiente tiempo? ¿Estás dispuesto/a a dejarlos ir? ¿Estás dispuesto a perdonarlos?

❣ Rompe el papel en pedazos o quémalo. ❣

Si te sientes culpable por haber hecho algún mal, es tu deber enderezarlo, limpiarlo. Aquí tienes algunos consejos:

- ❣ Haz una lista de las personas a las que has herido o hecho daño. Averigua si realmente les hiciste daño con tus palabras o actos. Quizás te lo estés tomando demasiado en serio. O con demasiada ligereza. Pide perdón. Pregúntales cómo puedes compensarlo. Encuentra un modo de pagar tus deudas. ❣
- ❣ Perdónate y déjalo ir. A veces no puedes o no necesitas hacer enmiendas. ❣
- ❣ No te culpes por cosas que estaban fuera de tu control. Probablemente hiciste lo mejor que podías, dada la información que tenías en aquel momento. ❣
- ❣ Aprende de tus errores. Ellos son tus maestros. Hay lecciones en cada uno de ellos. Averigua cómo podrías hacerlo de una manera distinta la próxima vez. ❣

Alarga la Mano y Conecta

«Cuando tienes una interacción, enormes regiones nuevas de ti mismo salen a borbotones de tu interior»

—Brian Swimme

Los años de escuela secundaria fueron los mejores para mí. Me gustaba mi colegio de niñas, formaba parte de la orquesta y del coro, y mi autoestima estaba en su punto más alto. El club al que yo pertenecía hacía barbacoas y «fiestas en pijama» y era muy divertido. Con la graduación, sin embargo, todo cambió.

Las bodas, la universidad y el trabajo pronto disolvieron nuestro club, y los apoyos más importantes de mi vida como una joven adulta se esfumaron. En los años sesenta, marido y mujer estaban supuestos ser todo el uno para el otro; todos los demás apoyos sociales, por ende, se marchitaban con frecuencia. Una vez casada e instalada en los suburbios, me pareció que la amistad con mujeres era subversiva en cierto modo y que la amistad con hombres amenazaba mi relación principal. Esto restringió severamente mis opciones y sentí un doloroso aislamiento en mi típica familia americana de los suburbios, apartada de todo el mundo menos de mi marido y mis tres hijos.

Una parte disfuncional de nuestra sociedad parece valorar únicamente las relaciones sexuales entre hombres y mujeres, y alentarlas; todos los otros apoyos y conexiones son sospechosos. Nos han separado de los demás de innumerables maneras. Con la comparación y la competencia, el racismo, el sexismo y la homofobia, las personas han aprendido a ser adversarios, a estar unos contra otros. Las habilidades comunicativas fundamentales muchas veces no se aprenden. Como resultado, el punzante dolor de la soledad es demasiado frecuente entre niños y adolescentes, entre adultos solteros y casados, entre padres y abuelos por igual.

Necesitamos gente en nuestras vidas —gente a la que le guste hablar con nosotros y escucharnos, que nos apoyen, que nos den alegría—. Todo individuo necesita a los demás para satisfacer sus necesidades humanas básicas y para que lo ayuden a sobrevivir y a florecer. Ningún hombre, mujer o niño sano es una isla.

Una mujer chilena me contó una vez que en su país las amistades pasan de una generación a la otra; los abuelos de distintas familias son amigos, al igual que los padres y que los hijos. Después de haber vivido aquí varios años, concluyó: «En América, todo el mundo es tu amigo y nadie es tu amigo.»

Dividir y conquistar es una antigua estrategia para controlar a la gente, que ha sido utilizada durante mucho tiempo en todo el mundo y en nuestra sociedad. Hemos sido separados de familias y de amigos, de nuestras raíces étnicas, de nuestros vecinos y nuestras comunidades, de la naturaleza. En el nombre de la individualidad, la competencia y el progreso, nos separamos de otras personas cuyo bienestar creemos que amenaza al nuestro. Nos mudamos constantemente, y la mayoría de nosotros vivimos con profundos sentimientos de alineación, desconexión y soledad.

No obstante, a través de los siglos y alrededor del mundo, las mujeres se han unido tradicionalmente en tareas comunes como el cuidado de los niños, la preparación y preservación de la comida, la elaboración de mantas y ropa, y la supervisión de los mercados. Se han reunido para los tránsitos de la vida, como nacimientos, bodas y para despedir a los muertos. La mujeres encontraban una fuerza compartida en estas reuniones, y su amplia base de apoyo y de contacto social las enriquecía a ellas y a sus familias. Dependían las unas de las otras para su supervivencia, ayudándose unas a otras y siendo ayudadas cuando lo necesitaban.

Históricamente, los hombres también han tenido importantes alianzas y amistades los unos con los otros. Se reunían en las comunidades rurales y en los centros de trabajo urbanos, en consejos de guerra y en acontecimientos deportivos, en clubes y en bares. Y por cientos de generaciones, toda la familia proporcionaba un marco para la pertenencia, la supervivencia y el apoyo.

Después del cambio de siglo, cada vez más americanos empezaron a emigrar a las ciudades y a vivir independientemente. La vida en las comunidades rurales y las familias multigeneracionales empezaron a ser menos comunes que las familias nucleares urbanas y suburbanas. Hoy en día, una proporción mayor de familias americanas tienen pocos hijos, o ninguno, y cada vez hay más hogares de un solo miembro. Los individuos están más aislados. Las presiones del tiempo y del trabajo aprietan a las familias y a las amistades. Por lo tanto, con familias más pequeñas, extendidas por un amplio territorio, necesitamos encontrar o diseñar conexiones significativas. Tenemos que esforzarnos más para extender nuestra base de apoyo y construir lazos humanos profundos dentro de nuestras familias y más allá de ellas.

Ejercicios:

❣ Haz una lista de las personas más importantes en tu vida. ¿Saben ellas lo importantes que son para ti? ¿Cuándo fue la última vez que las llamaste o les escribiste? (Una carta breve es mejor que ninguna.) ❣

- El tiempo sana muchas heridas. Si una relación muy especial tuvo un mal final, quizás quieras contactar con esa persona para ver si está abierta a un encuentro. Reunirse, hablar y perdonar puede sanar tus relaciones pasadas y futuras.

- Alarga la mano e intercambia números de teléfono con alguna persona nueva esta semana. Llámala a los pocos días para quedar y hacer algo juntos.

- Haz del tiempo con tus amigos una prioridad en tu agenda. Encuentra un interés común con gente que sea importante para ti. Una reunión o actividad regular sienta las bases para que las amistades florezcan. Considera encuentros para comer, excursiones regulares, noches de vídeo, cenas informales mensuales.

- Haced cosas juntos. ¡Juega! Encuentra compañeros con los que hacer cosas. Id al zoológico, al cine, a espectáculos, a las carreras, a bailar. Hay cientos de maneras de hacer amigos.

- Mejora tus habilidades comunicativas. Los paseos a pie pueden ofrecerte una oportunidad para la conversación fácil; los grupos de tertulia pueden estar más centrados.

- Realiza celebraciones por cumpleaños y rituales para ocasiones especiales. Organiza fiestas, cenas, excursiones anuales con mochila, salidas a esquiar o reuniones en vacaciones. Reúne a las personas importantes en tu vida.

Estableciendo las Fronteras

«Un buen vallado hace buenos vecinos»

—ROBERT FROST

Cuando una persona decide desprenderse de antiguos comportamientos y aprender unos nuevos, todo empieza a cambiar. Algunas relaciones se desmoronarán, y otras se tornarán más sanas. Y, como la metamorfosis de una oruga, una vez que empiezas, no hay vuelta atrás.

Las fronteras personales tienen que ver con establecer límites. Las fronteras nos ayudan a definir nuestra identidad y a determinar nuestro destino. Necesitamos decidir quiénes somos, en qué creemos, qué esperamos —y lo que no toleraremos—. Este conjunto de reglas habladas y no habladas regula la forma en que las personas se tratan unas a otras.

Nuestras reglas personales surgen de nuestra consciencia de los derechos personales y reflejan el respeto por nosotros mismos y nuestra autoestima —lo que creemos que nos merecemos—. Le enseñamos a los demás cómo deben tratarnos (ninguna llamada telefónica a partir de las 10 de la noche, por ejemplo). De hecho, las personas suelen respetarte más cuando estableces límites, porque ello los anima a ser más conscientes de sí mismos también.

Cuanto más baja sea nuestra autoestima, más nos conformaremos con lo que no queremos, creyendo que no nos merecemos nada mejor. Cuanto más alta sea nuestra autoestima, por otro lado, más creeremos que nos merecemos las cosas buenas de la vida. Y cuanto más elevadas sean nuestras expectativas para nuestra vida, mejor preparados estaremos para aceptar las cosas buenas y rechazar las malas cuando sucedan.

Como cuando montamos en bicicleta, necesitamos saber avanzar y saber detenernos. Necesitamos saber cómo alejarnos de aquello que no queremos, y dirigirnos hacia lo que sí queremos. Esto implica que estás conduciendo tu bicicleta y que no te están llevando de paseo en ella. Estás a cargo de decidir lo que deseas y a dónde irás. Probablemente hagas varios giros equivocados, llegando incluso a calles sin salida; pero cada uno de ellos te acercará más al descubrimiento de lo que quieres. Cuando el camino se ponga difícil o te empiece a llevar a sitios que no deseas conocer, puedes dar la vuelta. Cuando la gente se acerque demasiado o no te respete, tu intuición te lo dirá. Escucha a esa voz. Luego dile a la gente cómo tratarte.

El instinto para establecer las fronteras es natural en los niños. Sin que se les haya enseñado, los niños pequeños dicen: «¡Para ya!» o «Eso no me gusta». A muchos padres, sin embargo, no les gusta que los niños hablen por sí mismos de este modo, y acaban con este comportamiento. Estos mismos niños, luego, siendo adultos, tienen que tomar clases de afirmación para reaprender lo que una vez supieron en forma natural. También puede haber problemas cuando los padres no establecen límites para sí mismos, y permiten que sus hijos dirijan sus vidas.

Los padres pueden alentar o desalentar el establecimiento sano de fronteras en la familia. Con mis dos bebés que se llevaban once meses, observé que mi hijo se apoderaba de cada juguete con el que jugaba mi hija. De modo que me eché en el suelo junto a ella, envolví con mis manos sus deditos que cogían el juguete y le enseñé a decir: «¡No!». Con su primera lección de afirmación a los trece meses, ella empezó a aprender que tenía derechos y que tenía que hacerlos valer.

De niños, necesitábamos que nuestros padres nos protegieran, que se responsabilizaran de nosotros y que establecieran límites para nosotros. A medida que nos fuimos haciendo mayores, necesitamos que nuestros padres nos guiasen y nos enseñasen a hacer las cosas solos. Si esto te sucedió a ti, si te enseñaron a esperar que se te respete y a hacer valer tus derechos, fuiste muy afortunado, o afortunada.

Si nuestros padres tenían una estructura y unas reglas excesivamente rígidas («Los niños deberían verse y no oírse», por ejemplo) podríamos habernos sentido sofocados. Quizás hayamos aprendido que lo que nosotros queremos es insignificante y no tiene importancia. Quizás llegásemos a la conclusión de que nosotros tampoco teníamos importancia.

Por otro lado, aquellas personas que crecieron con límites poco claros o enredados, crecieron con confusión, sin saber lo que querían o lo que les gustaba, sin conocer sus derechos o responsabilidades; todo el mundo era responsable de los problemas de todos los demás. «No sabes lo que quieres», podría haber aumentado la confusión. Con fronteras borrosas, no sabían dónde empezaba una persona y dónde acababa la otra. Las personas con fronteras confusas pueden pensar que «son dueñas» unas de otras o que se «pertenecen». No se dan cuenta, sin embargo, de que aunque puedan compartir un lazo con otros, se pertenecen únicamente a sí mismas.

Las fronteras ayudan a que las personas formen su identidad y se vuelvan autónomas, personas enteras. Se pueden establecer fronteras separadas para el cuerpo, los sentimientos, las ideas, las necesidades, los deseos y/o las creencias. Las fronteras surgen del conocimiento de que merecemos respeto, que tenemos derechos y que podemos decidir las reglas de nuestra propia vida.

Como un móvil con varios objetos que cuelgan interdependientemente en equilibrio unos con otros, el cambio en uno afecta y provoca los cambios correspondientes en los demás. Si eres soltero o soltera, establecer fronteras es más fácil. Los otros tienden a ser menos afectados por tus cambios y a reaccionar menos ante ellos. En una relación o en una familia, tus cambios marcan más una diferencia.

Tanto si estás en una relación, como si no lo estás, intenta conseguir el apoyo de las personas más importantes en tu vida. Si se resisten a tus cambios, si no desean cambiar ellas mismas, piensa cómo podrías enfrentarte a su resistencia y atravesarla. Llenar los agujeros en el desarrollo —jugar a «ponerse al día»— siendo adultos puede ser difícil para cualquiera. Se tornará más fácil con apoyo, con la práctica y con el tiempo.

Ejercicios:

- Haz una lista de las cosas que no te gustan y que no deseas de los demás. Ahora, dale la vuelta al papel y haz una lista de lo que te gusta y lo que sí quieres. ❣

- ❣ La gente no lee el pensamiento. Una vez que has decidido lo que te gusta y lo que esperas de otras personas, házselo saber. Anima y recompensa, con tu atención y con tu aprecio, el comportamiento que deseas. ❣

- ❣ Una vez que tengas claro cuál es el comportamiento que no aceptarás de los demás, díselo, con tacto. Un buen principio es «limitarse a decir que no» o «no, gracias». Sé amable. No hace falta que seas desagradable para que sepan que vas en serio. ❣

- ❣ Aprende a pedir lo que quieres. ¡Este pequeño truco hace la vida más fácil! ❣

- ❣ Pide permiso antes de traspasar las fronteras de otra persona. Por ejemplo, preguntar «¿Puedo darte un abrazo?» Comprueba respetuosamente los deseos del otro. Sin permiso, un abrazo puede percibirse como una invasión. ❣

- ❣ Toma una clase de afirmación si necesitas más orientación o práctica. ❣

Al decidir lo que no te gusta y no quieres, nota también cuán importante es eso para ti. ¿Es lo suficientemente importante como para hacer un problema o suficientemente pequeño como para que puedas ignorarlo? Utiliza tu buen juicio.

Las fronteras tienen una fluidez. Cambian dependiendo de con quién estemos tratando, y del nivel de confianza. A medida que las personas y la vida van cambiando, permite que tus fronteras hagan lo mismo.

Responsabilidad - La Tuya, La Mía y la Nuestra

«Ante la pregunta de tu vida, tú eres la única respuesta. Ante los problemas de tu vida, tú eres la única solución»

—Jo Coudert

Responsabilidad significa estar dispuestos a responder y ser capaces de hacerlo. Cuando naciste, tus padres eran totalmente responsables de tu cuidado y de tu bienestar. Tú eras un ser desvalido e incapaz de ser responsable. A medida que fuiste creciendo y fuiste más capaz, tu responsabilidad aumentó y la suya disminuyó.

Tu tarea de desarrollo de largo alcance en la vida es pasar de no tener ninguna responsabilidad como niño a tener total responsabilidad de ti mismo como adulto. Si esta transferencia no tuvo lugar, tus padres asumieron una mayor responsabilidad de la que era necesaria. Si hicieron por ti lo que tú deberías haber hecho por ti mismo o por ti misma, te privaron de tu propia responsabilidad personal. Si, por otro lado, ejercieron una responsabilidad muy escasa, tú tuviste que cargar con demasiado. Cualquiera de las dos situaciones puede causar dificultades cuando adulto.

Los problemas surgen cuando ejercemos demasiada o demasiado poca responsabilidad. Por ejemplo, si yo evado la responsabilidad de mí misma, de mis hijos (si los tengo), o de mi trabajo, estoy siendo negligente. Evadir la responsabilidad personal («no puedo hacer nada al respecto») puede conducir a una sensación de impotencia y de desvalimiento.

Las personas que han sido criadas en hogares alcohólicos suelen ser demasiado responsables. Si me excedo en mi responsabilidad, si intento manipular y controlar a los demás, a ellos no les gustará y se enfadarán. El culpar, el encontrar defectos, y la culpa pueden dispararse y la autoestima se ve afectada. Si yo asumo la responsabilidad por los sentimientos y los comportamientos de los demás, las fronteras se vuelven confusas. Cuando las habilidades comunicativas son escasas y la gente no pide y no dice que no, los miembros de la familia tienen que estar hiper vigilantes y adivinar lo que quiere el otro.

En una ocasión, me encontraba hablando por teléfono con alguien que se hallaba en su automóvil. Mientras hablábamos, a ella la hicieron detenerse por exceso de velocidad. A pesar de que yo me encontraba a más de 2.000 km de distancia, ¡sentí una punzada de culpabilidad! Me esforcé por solucionarlo. Ella era la que estaba detrás del volante, no yo. Pero a pesar de que yo no era responsable en ningún modo, me sentí aliviada al enterarme de que no le pusieron una multa.

Ahora que tú eres el capitán de tu propio barco, puedes decidir a dónde quieres ir. Eres responsable de tus sentimientos. Eres responsable de tus decisiones y elecciones. Eres responsable de tus actos y de sus consecuencias. Disfruta de la libertad y el poder que son tu justa recompensa.

Ejercicios:

- Abandona la culpa. Es una expresión de la impotencia que crea más impotencia y negatividad en el mundo. En lugar de eso, piensa en términos de responsabilidad, y continúa resolviendo el problema.

- La próxima vez que algo vaya mal, escribe la historia. Luego escríbela una vez más, con un final distinto, mejor.

- Resuelve qué es tuyo, qué es de ellos y lo que compartes. ¿De quién es el problema? Distingue entre lo que es tu responsabilidad y lo que no lo es.

- Confía más y deja de intentar controlar todos los resultados. Cierta vez me di cuenta de que, cuanto más confiaba, menos «necesitaba» estar bajo control; también funciona a la inversa. En contra de lo que la gente cree, no es tu responsabilidad resolver todos los problemas o enfrentarte a toda situación. En ocasiones sólo tienes que retirarte. Una amiga observó una vez, «Cuanto más suelto, más mejoran las cosas».

- Siempre hay cosas que escapan a tu control, cosas importantes como la economía, la situación política, la contaminación y otros problemas que son creados por mucha gente a la vez. No son tu culpa; no te culpes por ellos. Quizás no tengas ningún control sobre estas cosas, pero puedes controlar tu propia respuesta y tu actitud hacia ellos, y eventualmente tener más poder para mejorar esas situaciones de lo que tú crees.

Nota las Conexiones

«En toda forma de vida hay etapas secuenciales de crecimiento y de desarrollo. Un niño aprende a darse la vuelta, a sentarse, a gatear, y después a caminar y a correr. Cada paso es importante y cada uno de ellos toma tiempo. No se puede saltar ningún paso»

—STEPHEN R. COVEY

En todo el mundo y por cientos de generaciones, la gente ha aprendido acerca de la vida, de la vida misma. «Según siembres, así recogerás.» «Todo lo que gira tiene que llegar.» «Toda acción tiene una reacción equivalente y opuesta.» Aprendieron acerca del proceso de la vida —que hay una secuencia natural de los acontecimientos que lleva tiempo.

Cuando comprendemos a la Madre Naturaleza y trabajamos con ella, hay una consecuencia positiva, como una cosecha abundante. Por otro lado, ignorar, violar o intentar acelerar el proceso sólo puede causar frustración y desilusión. Si, por ejemplo, plantas el maíz antes de tiempo o después de tiempo, no habrá cosecha. Una oruga impaciente que se pega las alas está destinada a caer cuando intente volar.

En los ambientes rurales, podemos ver las conexiones con claridad. Si hacemos esto..., entonces sucederá aquello... El ciclo de acción-reacción es obvio. Un anciano me dijo que, de niño, olvidó alimentar a los cerdos y a los pavos; al día siguiente «casi me matan a pisotones, de tan hambrientos que estaban». Vio claramente las consecuencias de su comportamiento y aprendió la lección. Si no hubiese aprendido de aquella situación y hubiese olvidado alimentarlos otra vez, hubiesen surgido las mismas consecuencias para darle una lección.

En nuestra sociedad tecnológica, en la cual la mayoría de las personas están desconectadas de la tierra, podemos perdernos las importantes lecciones acerca de los procesos y los cambios naturales. Podemos perdernos el percibir la relación entre lo que pensamos y lo que sentimos, entre lo que decimos y lo que sienten los demás, entre lo que hacemos y lo que eso nos trae a nosotros, a los demás y a la tierra.

Ejercicios:

- Es tentador ver la vida como una serie de acontecimientos que no tienen relación y que están fuera de nuestro control. Pero busca las conexiones en tu vida. Da un paso atrás para analizar lo que te está sucediendo ahora. Repasa la secuencia de elecciones que te han llevado hasta donde estás. ¿Qué acciones has emprendido en el pasado cuyas consecuencias todavía te afectan hoy?

- Nota las conexiones en tus relaciones. Cuando, por ejemplo, veas ciertas emociones en el rostro de una persona, intenta retroceder para entender qué palabras, acontecimientos o experiencias la llevaron hasta ahí.

- Observa las conexiones internas. Cuando tu autoestima flaquee, retrocede y revisa tus pensamientos, tus palabras, tus comportamientos, el cuidado de ti mismo/a (la falta de él).

- Date cuenta de que «Todo lo que gira tiene que llegar.» El modo en que tratas a los demás afecta a cómo ellos te tratan a ti. Las personas cuya crítica tememos más pueden ser las mismas personas que nosotros más criticamos o juzgamos. Por otro lado, nuestras mejores relaciones pueden haber tenido lugar debido al tiempo y la energía positivos que invertimos en ellas.

- Todo está interconectado. Respiramos el mismo aire que todos los demás en el planeta, y nuestro destino está intrincadamente interrelacionado. Los innumerables actos irresponsables e imprudentes, como el vertido de desechos nucleares, tienen todos serias consecuencias. Cuanto más capaces seamos de ver y comprender estas conexiones, más obtendremos la sabiduría, la comprensión y el valor necesarios para ir a la acción y evitar el desastre.

Alargar la mano y conectar con otras personas nos proporciona una sensación de bienestar y de apoyo. Vivir bajo los principios del respeto y la integridad quizás no te convierta en una mariposa social, pero te ayudará a volar.

8

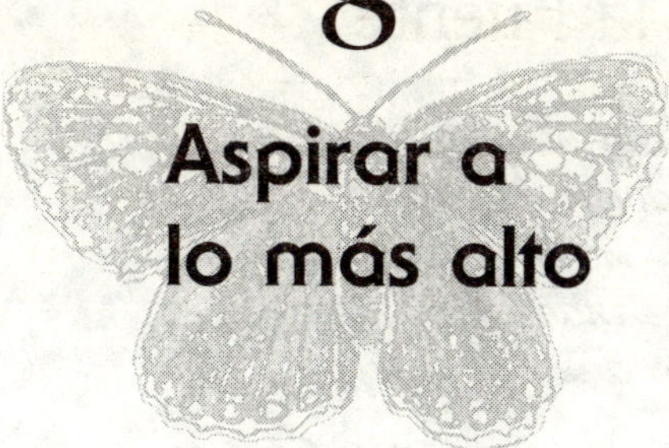

Aspirar a lo más alto

«Yo os digo: un hombre
debe tener suficiente caos
en su interior como para ser
capaz de dar a luz
a una estrella danzante»

NIETZCHE

En un estado de fluir constante, la autoestima debe mantenerse como se mantiene un hogar, una dieta, una cuenta bancaria, un jardín. Llevar tus decisiones a la acción es la clave para vivir la vida plenamente. Cuando aprendes a ser dueño de tus pensamientos, de tus emociones, de tus adicciones, de tus pasiones y de tus deseos, la vida deja de ser una lucha y se convierte en una danza.

Y, sin embargo, vivir plenamente es mucho más que todas estas cosas. Es conectar con el mundo de una forma integral —una pertenencia vital, consecuente e inmensamente placentera.

Para poder reclamar nuestra autoestima, debemos descubrir y recuperar las partes de nuestra vida que nos faltan. Al ir llenando los agujeros, nos volvemos enteros; nos damos cuenta de que somos sagrados.

No somos enfermos, ni malos, ni locos, ni estúpidos, como quizás nos hayan dicho. De hecho, estamos bendecidos.

Encuentra la Fuente

*«El niño es el símbolo más universal
de la transformación del alma.
El niño está entero, aún no ha sido dividido...
Cuando deseamos sanar la mente...
le pedimos al niño que nos hable»*

—SUSAN GRIFFIN

Un diseño milagroso, invisible y desconocido para la larva, se está desarrollando en lo más profundo de su interior. Misteriosamente guiada a desprenderse capa tras capa de su ser más pequeño, es dirigida para participar en el milagro de la transformación. La mariposa interior —que actúa como un ángel guardián o un espíritu guía— le muestra el camino.

Al reclamar nuestra autoestima, conectamos más profundamente y más honestamente con quien realmente somos —con nuestro Yo Verdadero—. Al llenar los agujeros, conectamos a nuestro yo-adulto con nuestro yo-niño, y conectamos a nuestro yo-individual con toda la humanidad.

Para tener una elevada autoestima, también debemos sumergirnos en las profundidades y alimentar el espíritu —el principio vital y la fuerza vivificante que hay en nuestro ser— y reclamar nuestra espiritualidad. Al conectar con las profundidades místicas de nuestro ser, penetramos en nuestras raíces, en nuestro centro, en nuestra alma, en nuestro núcleo, y nos experimentamos a nosotros mismos de una manera más amplia —en relación al universo—. Esta dimensión espiritual puede proporcionarnos un ancla de amor, de valía y de aprecio, como para el niño que dijo: «Sé que soy alguien porque Dios no hace ninguna basura.»

Ejercicios:

- Pasa algunos momentos en silencio todos los días. La meditación, la oración, la relajación profunda y la soledad pueden ayudar a conectarnos con nuestra fuente interior, con nuestro lugar en el mundo y con lo sagrado de la vida.

- Desarrolla una práctica espiritual que te mantenga en el camino cada día, día a día. Puede ser una práctica tradicional religiosa, como leer el Viejo o el Nuevo Testamento, o rezar antes de las comidas o antes de dormir. O podrías practicar alguna meditación física como el *t'ai chi*, o paseos largos en la naturaleza. Muchas actividades muy sencillas pueden alimentar tu alma, desde cocinar hasta pintar, desde la jardinería hasta escribir, o simplemente alargar la mano a los demás. Joseph Campbell comentó en una ocasión: «Todo en la vida es meditación; la mayor parte de ella es involuntaria.»

- Busca los milagros. El monje budista Thich Nhat Hanh escribió: «Todos los días tiene lugar algún milagro que ni siquiera reconocemos: un cielo azul, unas nubes blancas, unas hojas verdes, los curiosos ojos negros de un niño —nuestro propio par de ojos—. Todo es un milagro.»

¿Quién Mueve Tus Cuerdas?

«Ser únicamente tú mismo,
en un mundo que hace lo posible
por hacerte igual a todos los demás,
implica librar la batalla más grande que existe
o existirá jamás»

—E. E. CUMMINGS

Los niños pequeños buscan que los adultos de su vida les digan lo que tienen que hacer. La gente mayor parece saberlo todo, tenerlo todo bajo control, tener el poder. En las familias sanas, los niños descubren (cuando se los escucha) que lo que ellos tienen que decir es importante, y que sus experiencias y sus ideas (y ellos mismos) tienen valor. Se los anima a pensar por sí mismos, a expresar sus opiniones y a tomar decisiones ellos solos. Los padres los ayudan a sostenerse sobre sus propios pies y a hacer lo que les parece bien. Al confiar en sí mismos y sentirse cada vez más seguros, desarrollan un lugar interno de control.

Cuando este proceso no tiene lugar en los niños —cuando los padres no les dan autoridad— cuando se convierten en adultos continúan buscando que otras personas se hagan cargo de ellos, que los cuiden y que les digan lo que deben hacer. Evitan la responsabilidad personal en sus vidas. Confían en los demás más que en sí mismos. Y cuando algo va mal, pueden, por supuesto, culpar a otra persona.

Las personas así, con un lugar externo de control, creen que ellas no son la causa, sino el efecto, de las circunstancias, de los actos de otras personas, de su pasado, de sus emociones, etc. Estos individuos creen que, vayan donde vayan, alguien los controlará. Le han entregado su poder personal a otros, y se sienten impotentes.

Su conversación interior está repleta de «debería», «tengo que» y «estoy supuesto a», y están confundidos respecto a lo que quieren. Al no tener un centro interno de orientación, son susceptibles a la manipulación y a la explotación desde cualquier frente. Sintiéndose víctimas, sin control de sus vidas y preocupados por lo que piensen los vecinos, sufren por su impotencia y debido a una baja autoestima.

El lugar de control hace referencia a la fuente de poder y de control que hay en la vida de un individuo. Iniciamos la vida con un lugar de control externo y, con suerte, interiorizamos ese poder siendo jóvenes. Si no es así, ¡no es demasiado tarde! ¡Quita esas etiquetas! El camino de un lugar de control externo a uno interno es el camino de la adquisición de poder y la autodeterminación.

Ejercicios:

- Haz una lista de cinco cosas que tengas que hacer cuando dejes este libro por un momento. Empieza cada frase con «Tengo que...», «debería...», «tendría que....». Concédete unos minutos para hacer esto. Luego, vuelve a escribir la misma lista empezando cada frase con «Elijo...» Nota la diferencia. ¿Cuál de las listas es más probable que realices? La gente suele decir que se siente fuera de control, cargada y que ofrece resistencia a la primera lista (el lugar externo de control) y más ligera y poderosa con la segunda lista (el lugar interno de control).

- Presta atención a cuando digas «debería», «estoy dispuesto a», y «tengo que». Ponles la bandera roja. Pueden hacer que sigas inconscientemente una programación antigua y caduca. La próxima vez que oigas un «debería», detente. «¡No te dirás 'debería' a ti mismo/a!» Luego pregúntate lo que quieres hacer.

- Simplifica tu vida. Los americanos poseen un 400% más de posesiones ahora que en los años cuarenta. Todos los aspectos de ello —su adquisición, su mantenimiento, su almacenamiento, su colocación— toman tiempo y energía y te mantienen centrado en el exterior. ¿Es así como quieres pasar tu tiempo, tu vida?

- Apaga el televisor. Crea espacios de silencio para poder sintonizar con lo que deseas. Sal a dar largos paseos a pie. Aprende a escuchar a tu intuición, esa vocecita interior. Sintoniza para oír tu interior —tu sistema de orientación divina—. Esto te ayudará a distinguir lo que realmente quieres, de lo que te han convencido que debes desear.

- Sé el dueño de tu ser. No te han dado el ser de ninguna otra persona, sólo el tuyo. Los demás están a cargo de su ser, no del tuyo. Tu estás a cargo de tus propios actos y de sus consecuencias, y de tu vida.

Nunca podrán separarte de tu ser. Reconoce, acoge y actúa a partir de esta verdad, y toma posesión de tu vida.

- Reclama tu poder. Estás bajo el control de un solo cerebro, el cerebro que está en tu cabeza y en la de nadie más. Los demás no tienen poder sobre ti, a menos que tú se lo otorgues. Incluso si entregas tu poder a otros, hazlo sólo por un momento. Cualquier poder que pudieras haber entregado, siempre puedes reclamarlo.

- Habita en tu cuerpo. Escúchalo. Aprende a confiar en él. Es la fuente de una profunda sabiduría y un gran placer. Acógelo. Cuídalo bien. Decide ser tu mejor y más perdurable amigo, o amiga, físicamente y espiritualmente.

Abandona el Perfeccionismo

«La única forma de describir verdaderamente a un ser humano es describiendo sus imperfecciones. El ser humano perfecto no es interesante... uno ama las imperfecciones de la vida»

—Joseph Campbell

Cuando yo era una oruga, me esforzaba muchísimo por ser perfecta. Si era perfecta, pensaba, entonces estaría «bien». En el relámpago de un pensamiento, veía esta ecuación matemática: SER PERFECTO = ESTAR BIEN. Habiendo estudiado álgebra en la escuela secundaria, sin embargo, sabía que algo estaba muy mal aquí. Lentamente, empecé a identificar los errores de mi forma de pensar. Empecé a desmantelar el complejo conjunto de creencias y de comportamientos, y ahora disfruto más de la vida siendo una «perfeccionista que se está recuperando».

¡No es fácil ser perfecto cuando eres únicamente un ser humano! Los perfeccionistas siempre buscan algo que esté mal, lo encuentran y luego se sienten traumatizados y enfadados por ello. Exhiben las siguientes características:

- Sus expectativas imposibles restringen e inhiben su expresión, ahogan su creatividad y los hacen fracasar. Están constantemente frustrados, decepcionados y enfadados.
- No importa el éxito que puedan llegar a tener, nunca están satisfechos, nunca aprecian sus logros ni se dan una palmadita en la espalda.
- Nunca se sienten «suficientemente buenos».
- Son rígidos y se controlan a sí mismos —y a los demás.
- Ellos no prueban nuevos proyectos, no los empiezan, aplazan las decisiones o no los terminan.
- Los errores, para los perfeccionistas, son pruebas de un fracaso total; pueden destrozar la autoestima.
- Se juzgan y critican a sí mismos, y a todos los demás.
- Siempre se centran en lo que está mal —en los

fallos, los defectos y las imperfecciones— y no ven todas las cosas que están «bien».

- Tienen dificultades para tomar decisiones porque siempre están intentando tomar la decisión «perfecta».
- Inmersos en lo trivial, no pueden ver el conjunto. Normalmente acaban haciendo todo el trabajo ellos solos porque nadie más puede hacerlo «bien».
- Suelen pensar «tal cosa o tal otra». Como una mujer que aprendió de su madre: «Eres perfecta o no eres nada». Los perfeccionistas no saben cuánto espacio hay realmente entre «perfecto» y «fracaso total».
- Al centrarse en las apariencias, se pierden las ricas dimensiones interiores de la vida. En lugar de permitirse sentir cuando su marido murió, una mujer salió corriendo a comprar varios libros sobre buenos modales en el tema, para poder vivir su luto «perfectamente».

El perfeccionismo es el mayor juego de engaños que hay en el mundo. Es un concepto que no encaja en la realidad. La segunda ley de la termodinámica predice que todo acaba disolviéndose, tarde o temprano, en el caos. El perfeccionismo es, por lo tanto, una batalla perdida. Existen batallas más importantes en las que luchar. El perfeccionismo nos quita satisfacción, alegría y autoestima.

Estos ejercicios pueden ayudarte a empezar a librarte de su dominio.

Ejercicios:

- Reordena tus prioridades. Imagínate repasando tu vida en tu lecho de muerte. ¿Qué es lo más importante para ti? En esas áreas, busca la excelencia. ¡Sé fantástico/a! ¡Sé grandioso/a! En otras áreas, date permiso para ser «suficientemente bueno/a».

- Los errores son maestros. Es tu privilegio como ser humano cometer errores —y tu reto es aprender de ellos y no repetirlos—. Un error, después de todo, es únicamente un camino que no funciona. Encuentra otros caminos que sí funcionen. Una persona sabia comentó en una ocasión: «El camino hacia el éxito está lleno de fracasos.» Aprende la capacidad de juicio y la sabiduría que cada error te enseña. Después habla de tus meteduras de pata y ríete de ellas.

- Deja de pensar «No soy suficientemente valioso/a». ¡Porque realmente eres suficientemente valioso/a! No eres perfecto, o perfecta, pero eres suficientemente valioso o valiosa. Repite esta afirmación: «Yo, ___________, soy lo suficientemente valioso/a.» Prueba a hacerlo mirándote en el espejo. Dilo como si lo creyeras durante unos quince minutos cada día, hasta que te lo creas, hasta que te conviertas en ello. Contéstale a tu conversación interior negativa.

- Ponte notitas que te lo recuerden. En cierta ocasión, sintiéndome abrumada por el desorden de mi casa, pinté un aviso que decía: «Nada es perfecto, pero todo está bien.» Me ayudó a nombrar la fuente de mi disgusto y obtener una cierta objetividad. Podrías pegar este recordatorio u otro que te parezca adecuado, como «No soy perfecto, pero estoy bien.» Repite estas afirmaciones por lo menos durante veintiún días.

- Sé amable contigo mismo/a. Los perfeccionistas son demasiado rígidos y controladores y son su peor enemigo. No puedes volar con un peso tan grande sobre tus hombros y en tu corazón. Déjalo ir. Respira hondo. Sé más flexible. Relájate y anímate.

- Haz algo que normalmente no harías. Estira tus límites. Corre algún riesgo. Deja de intentar ser perfecto, o perfecta. Simplemente, mejora día a día.

- Deja que entre más diversión, alegría, tontería y espontaneidad en tu vida. Ve a un parque. Colúmpiate. Deslízate por el tobogán. Baja rodando por una montaña. Baila como un loco, o una loca. ¡Ponte en ridículo! Después ríete de todo. La risa disuelve la rigidez y sana el alma.

Afirmaciones que Cambian las Cosas

«Discute por tus limitaciones, ¡y serán tuyas!»

—RICHARD BACH

La vida es bastante sencilla para las orugas. Sus principales preocupaciones son comer y evitar ser comidas. Mientras ponen un pie delante del otro, el milagro de la metamorfosis trabaja silenciosamente a través de ellas, preparándose para llevarlas a nuevas alturas.

Como las humildes orugas, somos parte de un plan mayor. En el interior de todos nosotros reside el potencial para los milagros que esperan realizarse. Como humanos con libre voluntad, sin embargo, podemos resistirnos, sabotear o abortar nuestra propia transformación. Una forma de hacer esto es con el lenguaje.

Las palabras pueden orientarnos, apoyarnos y dirigirnos en nuestro camino hacia la grandeza. O pueden ponernos una zancadilla y hacernos caer. Una persona sabia dijo una vez que es más fácil montar un caballo en la dirección que está yendo. Podemos disfrutar del emocionante paseo hacia el despliegue de los milagros de nuestra vida, o podemos luchar contra nuestra verdadera naturaleza y hacernos infelices.

Las palabras tienen un enorme poder. Nos hacen avanzar o nos retienen. Nos elevan o nos echan abajo. Y aquello que nos digamos a nosotros mismos repetidamente, se convertirá, inevitablemente, en realidad.

Ejercicios:

- Escucha cuidadosamente tus palabras. Ten un cuidado especial con estas frases:
  «Así soy yo... (un quejica, por ejemplo)»
  «No puedo evitar...(ser un perdedor... deber dinero...)»

«Yo soy el tipo de persona que...» ❣

❣ En lugar de eso, utiliza afirmaciones que cambian las cosas:
«Antes solía ser... (un quejica), pero ahora... (estoy aprendiendo a pedir lo que quiero)»
«Solía ser ..., pero ahora soy...» ❣

❣ Si sientes que has cometido un error serio, di: «¡Yo no soy así!» Luego levántate y disponte a ser la persona que deseas ser (y eres realmente) —valiosa, competente, capaz y mejorando cada día. ❣

Valora Tus Triunfos

«La gente con mentalidad ganadora no desea, necesariamente, que alguien pierda. Eso es irrelevante. Lo que les importa es conseguir lo que quieren»

—Stephen R. Covey

En nuestra sociedad de ganar-o-perder, la mayoría de las personas pasan un montón de tiempo sintiéndose perdedoras. Entrenados para buscar los fallos, podemos pasar fácilmente por alto nuestros logros, y luego castigarnos por nuestros fracasos, tanto reales como imaginarios. La palabra «ganar» ha tenido una definición demasiado estrecha. Necesitamos ampliar el significado de ganar, del éxito. Todo éxito, todo logro y toda realización equivale a ganar. Toda tarea tachada de tu lista de «Cosas Que Hacer» es un éxito. Una conversación telefónica fructífera, correr al amanecer, un halago sincero, encontrar algo en un remate, llegar temprano a una reunión —¡estás ganando todo el tiempo!

Ejercicios:

- Escribe diez éxitos del día anterior. Luego, debes darte alguna señal de aprecio a ti mismo/a: una palmadita en la espalda o un abrazo estarían bien. Este es un gran ejercicio para terminar el día. Te sorprenderán sus efectos sobre la autoestima.

- Cuando necesites reconocimiento, ofrécetelo a ti mismo/a, o pídeselo a otras personas. En lugar de quejarte, por ejemplo, acerca de lo duro que trabajas y lo ingratos que son todos, prueba a decir: «He trabajado muy duro hoy, y me gustaría... (unos aplausos, flores, abrazos o palmaditas en la espalda).»

- Percibe cómo sigues mejorando. Aprecia y celebra tu progreso.

- Fíjate en los éxitos y los logros de los demás. Reconócelos. Expresa tu gratitud. Trátalos como ganadores.

Cuando tienes un sentido de tu propia valía, te das cuenta de que el éxito de una persona no tiene por qué ser a expensas de otra. Comprendes que no necesitas rebajar a los demás ni hacerles sentir que están equivocados, para sentirte bien. Cuando buscas soluciones que sean satisfactorias y beneficiosas para ambos grupos implicados, pasas de un modo de funcionar de «ganar-perder» a uno de «ganar-ganar» en tu vida.

Reincidir

«El éxito es levantarte más veces que las que caes»

—JULIE BOWDEN

Un día, mientras conducía por la autopista para visitar a mi anciana madre, súbitamente empecé a sentirme una niñita mala, fea e incapaz, y olvidé a la mujer capaz y buena que era cuando entré en el coche. Observé esta metamorfosis inversa con interés, reflexionando acerca de cómo una hermosa mariposa acababa de ceder el paso a una oruga del pasado. El identificar esta «regresión de edad» me ofreció la distancia y la objetividad que necesitaba para tomar medidas y elevarme por encima del drama del momento.

Quizás te haya sucedido algo parecido. Quizás tú, una persona adulta, hayas regresado a tu hogar de la infancia, llamado a la puerta y te hayas convertido, repentinamente en un niño, o una niña, de cinco años una vez más, con los sentimientos de una persona de cinco años. A veces uno siente como si diera dos pasos adelante y uno atrás. En cuanto te des cuenta de esto, puedes detenerlo y regresar a la sabiduría que los años te han dado.

Ejercicios:

- Vigila las regresiones de edad. Nota cuando retrocedes hasta el modo de ser de la oruga. Toma a tu niño, o niña interior de la mano, escúchalo/a, consuélalo/a, protégelo/a. Averigua qué está sucediendo. Luego regresa al presente con una percepción más profunda y con la fuerza necesaria para enfrentarte con la situación.

- Realza tu vida con la percepción. Continúa analizando el equipaje mental que llevas a cuestas y selecciona las acciones que te sacarán de las situaciones difíciles, elevándote por encima de ellas.

Protege Tu Autoestima

«¿Por qué tengo que protegerme con tanta frecuencia de aquellos que dicen que me quieren?»

—Ashleigh Brilliant

Cuando era una joven maestra fascinada por la naturaleza y la metamorfosis, cogí dos gusanos de tomate (orugas Esfinge) de mi jardín y las puse en un cubo limpio de basura en mi cocina. Las alimenté diariamente con hojas frescas de tomate, ¡y me sorprendió poder oírlas masticar! Una creció y creció, y la otra no. Un día, descubrí varios objetos blancos, largos u estrechos, que se proyectaban desde la espalda de la más pequeña. Investigué un poco y me enteré de que cierta avispa pone sus huevos en el interior del indefenso gusano del tomate. Las larvas de avispa viven y crecen ahí hasta que emergen para continuar con su ciclo de vida.

Todos los seres vivientes se enfrentan a retos de vida o muerte. Durante el curso de la evolución, se han desarrollado unas sorprendentes estrategias de protección. Las defensas son cruciales para sobrevivir, individualmente, como especie.

Para ilustrarlo, las larvas de la mariposa Monarca comen únicamente la planta de algodoncillo; las toxinas de esta planta permanecen en el cuerpo del insecto desde la etapa de oruga hasta la de mariposa. Cuando un predador se come a la Monarca, enferma y aprende rápidamente a evitarlas en el futuro. La mariposa Virrey también se beneficia —por la sencilla razón de que se parece mucho a la mariposa Monarca, y los depredadores también la evitan.

Nosotros, los seres humanos, también necesitamos estrategias para protegernos —física y emocionalmente (y de otras formas también)—. Necesitamos saber cómo evitar que los demás nos hagan daño. Una vez que hemos aceptado la responsabilidad de nuestra autoestima, necesitamos aprender técnicas para protegerla cuando es atacada. Necesitamos saber cómo evitar que los comentarios despectivos, las críticas, los prejuicios y las humillaciones dañen nuestro sentido de valía personal.

Sin estas técnicas, las personas pueden buscar consuelo en la comida, distracción en comprar, alivio en las drogas y el alcohol y lágrimas para descargar.

Recuerda alguna ocasión en que te sentías bien en relación a ti mismo, o a ti misma, y alguien te lanzó un insulto. Lo más probable es que lo dejaras pasar, pensando que no podía, de ninguna manera, estar dirigido a ti. Ahora piensa en una ocasión en que tu autoestima estaba por los suelos y alguien te dijo un cumplido. ¿Te encontraste leyendo entre líneas intentando encontrar lo que te quiso decir realmente? Una mujer que asistió a una presentación mía contó que una amiga le elogió su suéter; ella se dijo a sí misma: «Probablemente le gusta porque cubre mi gordura.» Cuando mantienes tu autoestima alta, la mayor parte de la contaminación de la negatividad te resbalará. Cuando no es así, encuentra su camino, no importa lo que te hayan dicho.

Ejercicios:

Hoy, ten cuidado con las púas y las flechas. Nota cómo reaccionas y respondes a ellas. Luego percibe cuándo y cómo te dejas enganchar. Incrementa tu bolsa de trucos con algunas de estas estrategias:

- Enfréntate. Muchas personas hieren a los demás; sin embargo, quizás no se den cuenta de ello si sonreímos y lo soportamos, y no les hacemos saber que nos duele. La próxima vez que te suceda, di: «¡Aau!», «Eso no me ha gustado» o «Para ya».

- Retírate. A veces puedes salvar tu vida. Pero no lo utilices demasiado, porque tu mundo se puede ir reduciendo cada vez más.

- Habla con un amigo o amiga. Puedes recuperar el equilibrio de tu mente y dejar ir el dolor hablando de la situación.

- Pregunta. «¿Qué has querido decir con eso?» les devuelve la responsabilidad. Hablar de ello puede aclarar una mala comunicación.

- Expresa tu desacuerdo. Lo que te han dicho no es más que una opinión. Tú te conoces mejor que ellos. Dale más importancia a lo que tú piensas y menos a lo que ellos piensan.

- No te lo tomes de un modo personal. Quizás tenían un mal día. O quizás fueron simplemente imprudentes. Intenta averiguar lo que hay detrás del insulto.

- Considera la fuente. Algunas personas son tóxicas. Se revuelcan en la negatividad. Si te encuentras cerca de ellas, date cuenta de que así son ellas; no tiene nada que ver con la persona agradable que tú eres.

- Escudriña la situación. Quizás hay algo de cierto en lo que te están diciendo, pero les falta la habilidad y la sensibilidad para presentártelo de una forma inofensiva. ¿Hay algún grano de información útil que puedas encontrar en su comentario?

- Habla contigo mismo/a de una forma positiva. Prueba esta afirmación: «Me digas lo que me digas, yo soy una persona que vale la pena.» Repítelo en silencio para ti mismo/a o dilo en voz alta.

Como sucede con otras técnicas, hace falta práctica. No tienes que aguantar que te rebajen. Protege tu autoestima con estas estrategias y las tuyas propias, y crea más energía positiva en este mundo.

Acepta la Oscuridad

«La profundidad de la nada está directamente relacionada con la experiencia del todo... Aprendemos que somos seres cósmicos no sólo de nuestra alegría y éxtasis, sino también de nuestro dolor y nuestra pena»

—MATTHEW FOX

¿Qué aprendiste a hacer con el dolor y el malestar en tu vida? A la mayoría de la gente le enseñan a negarlo, a distraerse y/o a drogarse. En ocasiones, todo el mundo utiliza estas estrategias de evasión para darse un tiempo para reorganizarse, o unas breves vacaciones. El peligro existe cuando la negación, la distracción y las drogas se convierten en una manera de evitar enfrentarse a la vida. Cuando te evades, no haces nada y nada cambia, excepto, quizás, tus percepciones (las cuales son, probablemente, inexactas).

Nos han enseñado a evadir lo negativo, a negarlo y a huir de ello. No obstante, puede haber una riqueza sorprendente escondida dentro y debajo de la tristeza, la pena, el dolor y la rabia. «Las profundidades de nuestro ser no están todas iluminadas por el sol», escribe Starhawk, «para ver con claridad debemos estar dispuestos a sumergirnos en el oscuro abismo interior y reconocer a las criaturas que podemos encontrar ahí».

Hace muchos años, cuando mi transformación se estaba realizando, decidí mirarme con más dureza que nunca. Decidí ir hasta el fondo de mi falta de valoración de mí misma y averiguar qué era lo que realmente me pasaba. Sospechando algo horrible, asigné un tiempo personal a la «caza del monstruo», ¡y le pedí a una amiga que estuviera disponible en caso de que encontrara alguno! Llegó el día y osé levantar el velo. Miré en todos los rincones y busqué en todas la grietas de mi ser pero, para mi alivio, no encontré nada que se acercara siquiera a lo que había sospechado. Mis miedos y dudas resultaron estar conectados de alguna manera a mis mejores cualidades. Con ese trabajo realizado, me giré hacia la luz. Al caminar hacia el sol, mi sombra camina detrás de mí, pero no me pones zancadillas ni me asusta.

Algún sabio dijo una vez que la mayoría de las personas están huyendo de algo que no las está persiguiendo. Si dejamos de correr y nos enfrentamos a nuestros demonios, éstos pierden su poder sobre nosotros. Obtenemos poder, aprendemos algo nuevo y nos convertimos en algo nuevo.

Esquivar el dolor nos quita más energía que enfrentarnos a él. Cuando evadimos el dolor, seguimos enganchados a él y se vuelve crónico. Mientras sigamos evadiendo, podemos permanecer atascados en sentimientos de impotencia y entumecimiento. Podemos desconectarnos de la compasión por los otros e interrumpir el proceso de sanación que está en marcha. Compartir el dolor permite que nos abramos para dar y recibir apoyo, y para unirnos.

Ejercicios:

- Aprende a sentirte más cómodo/a con la incomodidad. Presta atención a la tensión.
- Escucha al dolor. Ten el valor de sentarte con él, de mirarlo, de aceptarlo y de ser su amigo/a. Aprende de él. Compártelo. Después, déjalo ir.
- Confía en los espacios vacíos y en los silencios. Juega con la nada. Confía en el proceso. Si te asustas, llama a un amigo o terapeuta.
- Pasa algún tiempo escribiendo un diario. Si no encuentras las palabras, dibuja o pinta o dale forma a tus sentimientos de un modo tangible. Fíjate en la creatividad que surge del dolor.

¡Ponte Metas y Realízalas!

«Si persigues tu felicidad, colócate en un tipo de sendero que ha estado ahí todo el tiempo, esperándote, y la vida que deberías estar viviendo es la vida que estás viviendo»

—JOSEPH CAMPBELL

Las orugas no piensan en ponerse metas. Se limitan a comer camino de convertirse en mariposas, sin preocupaciones, indecisión ni ansiedad. Está escrito sobre la pared proverbial. Si sobreviven, no pueden convertirse en una mariposa ni en una polilla. No hay opción.

Para los humanos no es tan fácil. Para empezar, tenemos innumerables opciones y una libre voluntad que nos confunden. En segundo lugar, solemos involucrarnos demasiado en la lucha diaria, o permanecer en el pasado. Podemos limitarnos a continuar repitiendo los viejos patrones indeseables porque no aprendimos las lecciones del pasado. En tercer lugar, las personas están, con frecuencia, desconectadas de su sistema de orientación, o intuición, el cual los empuja a la transformación. Todas estas cosas pueden dificultar el que uno pueda imaginar un futuro que no sea una continuación del pasado. Pero hace falta nuevos caminos y las metas pueden ayudar a que esto suceda.

Las metas son como mapas que pueden ayudar a mantenernos funcionando en la vida o que pueden conducirnos hasta alturas inexploradas. También son como imanes. Pueden atraer lo que necesitamos para su realización. En varias ocasiones, por ejemplo, estando escribiendo este libro, aparecía el artículo perfecto o la reflexión que necesitan sobre el tema del día, de un modo súbito e inesperado. «Los dioses envían el hilo», escribió Leif Smith, «para el tejido que ya se ha empezado».

Ejercicios:

- Haz una lista. Enumera las áreas importantes de tu vida: la familia, los amigos, la carrera, la economía, lo personal. Luego, imagina lo que te gustaría tener en cada categoría, y escríbelo. Por último, pon una fecha en cada punto. Una meta es un deseo con una línea de tiempo.

- Juega con tu lista. Podrías recortar cada una de las listas y ordenarlas por prioridades. Elige lo que realmente deseas. Comprométete a intentar realizar tus objetivos más importantes.
- Haz un mapa del tesoro para tus metas de más alto rango. Consigue cartulina, revistas, tijeras y goma, celo o pegamento. Dedícale al menos veinte minutos a este proyecto. Corta y pega imágenes y palabras que representen cada objetivo con mucha claridad: qué aspecto tendrá cuando lo consigas, cómo te sentirás cuando lo hayas logrado y la fecha límite en que estará realizado. Pon este mapa ahí donde lo veas con frecuencia para que te recuerde tu meta.
- Visualiza. Como dijo Richard Bach, «Para traer cualquier cosa a tu vida, imagínate que ya está ahí». Una amiga mía visualiza una tira elástica de goma, que tira de ella hacia sus objetivos.
- «Despedázala.» Divide tu meta o tu proyecto en trozos pequeños, manejables. Anima y apoya todos los incrementos de éxito. Luego felicítate por cada pequeño logro: «¡Buen trabajo!», «Estoy orgulloso/a de ti», «¡Hurra!»
- Cada día, haz una cosa que te acerque más a tus metas. Mantén el impulso, no lo pierdas. Si te sales del camino, vuelve a levantarte y continúa.

En resumen: Vive con un propósito. Formula objetivos. Traza un plan de acción. Dirige tu comportamiento para mantenerte en el camino. Presta atención a los resultados. Y, por supuesto, ¡celebra siempre tus éxitos! ¡Te lo has ganado!

TERCERA PARTE

LAS ALAS DE LA AUTOESTIMA

9

La transformación se ha realizado

> «Aquello que la oruga llama el fin del mundo, el maestro lo llama mariposa»
>
> RICHARD BACH

¿Qué es la recuperación, y cómo sabes que has llegado hasta ahí? Recuperarse de un trauma psíquico, de una adicción o de un sentido de valía personal perdido, es distinto de recuperarse de un accidente o una enfermedad, pero es similar en un aspecto importante. Cuando un catarro desaparece, puedes salir de la cama, comer, respirar y volver a hacer ejercicio. Cuando te recuperas de una gripe, la comida tiene mejor sabor, el aire te parece más fresco, como si pudieras apreciar por primera vez la buena salud que solías dar por hecho. La sanación es un proceso natural. La vida humana tiene incorporada una propensión a crecer hacia la salud y la integridad del cuerpo, la mente y el espíritu.

Cuando te han dañado tu autoestima y has vivido como una oruga, puede ser que no recuerdes cómo se siente ser «normal» —o sano—. Pero notarás que tu vida está mejorando. Un adicto en recuperación empezará a fijarse en todas las cosas buenas de la vida que previamente había dejado de percibir. Un amigo mío alcohólico, que se está recuperando, por ejemplo, nota que ya no se siente fatal los domingos por la mañana porque ya no se emborracha los sábados por la noche. Cuando puedes sentir la diferencia en tu vida, sabes que el esfuerzo por abandonar los comportamientos poco sanos ha valido la pena.

Nuestra llamada es para sanar las heridas de la niñez y de la adolescencia, e incorporar la sabiduría y la pasión en la siguiente etapa del desarrollo. Nuestra llamada es a participar de lleno en la vida y tomar nuestro lugar en este mundo turbulento, emocionante, que evoluciona.

La Tercera Parte trata de lo que sucede después de la etapa del capullo. Trata de los resultados. Trata de las recompensas. Pero trata, fundamentalmente, de mariposas. No te diré que cambies de trabajo, que tengas un bebé ni que emprendas ese viaje. Tú sabes lo que tienes que hacer. Necesitas partir desde aquí. Estás volando ahora.

10

Emerger

> «Puedes volar,
> pero ese capullo
> tiene que irse»
>
> ANÓNIMO

Una mañana de primavera, Zorba el Griego descubrió un capullo en el momento justo en que la mariposa estaba haciendo un agujero e intentando salir. Impaciente ante la lentitud del proceso, respiró sobre ella para darle calor. Entonces, con más rapidez que la vida misma, el milagro sucedió. ¡La mariposa emergió!

Con un cuerpo tembloroso, la criatura intentó desplegar sus débiles alas. Una vez más, Zorba respiró sobre ella para darle calor. Para su horror, se dio cuenta de que, al intentar ayudar, había forzado la metamorfosis antes de tiempo. La mariposa luchó desesperadamente durante unos minutos, luego murió en la palma de su mano. Aunque Zorba había querido ayudar a la mariposa, sus buenas intenciones habían provocado su muerte.

«Creo» dijo, «que ese pequeño cuerpo es el peso más grande que cargo sobre mi consciencia. Pues me doy cuenta ahora que es un pecado mortal violar las más grandes leyes de la Naturaleza. No deberíamos darnos prisa, no deberíamos ser impacientes, sino que deberíamos obedecer confiados al ritmo eterno».

* * *

A veces es difícil ser pacientes con los horarios de la vida. Nosotros, también, podemos sentirnos tentados a encontrar un camino más corto o un atajo. Sin embargo, el crecimiento y el desarrollo de abejorros, mariposas y humanos, por igual, tiene sus propios horarios. Podemos estimular y alentar el crecimiento, pero no podemos forzarlo.

Cuando observamos y estudiamos la naturaleza, aprendemos muchísimo sobre el proceso. Las semillas permanecen inactivas durante mucho tiempo, hasta que el sol brilla, la lluvia cae o una roca es retirada del camino. Cuando las condiciones son adecuadas, crecen, florecen y dan fruto. Igual que los lirios y las flores silvestres, nosotros también florecemos a nuestro debido tiempo, a nuestro modo. ¿Cuándo sucederá? ¿Sucederá de golpe?

¿Cómo sabe un narciso o una rosa que ha llegado el momento de florecer? ¿Cuándo sabe la mariposa que es el momento de emerger, de dar ese paso final y completar su transformación? ¿Cómo sabemos cuándo ha llegado nuestro momento de hacerlo? ¿Qué mensajero o mensaje nos indicará el momento de la metamorfosis?

* * *

Gradualmente, o de golpe, nos invade una nueva inquietud y las paredes del capullo, que nos han protegido durante tanto tiempo, empiezan a desgastarse ligeramente. Un agujero aparece en el duro cascarón de nuestro capullo y un hilo de luz penetra en el oscuro santuario. Entonces se percibe una diferencia en el ambiente. El clima es más cálido. Los olores de un mundo nuevo, y sin embargo familiar, y el canto de los pájaros, despiertan en nosotros un deseo de participar. Una oleada de excitación corre por nuestras venas con la promesa de una nueva vida. El momento del nacimiento, de los nuevos comienzos, finalmente ha llegado.

Encaramados en ese umbral, sin embargo, podemos minar el proceso de la metamorfosis de muchas maneras. Podemos intentar forzar el proceso, como hizo Zorba. O podemos intentar resistirnos a él, como la oruga que miró a la mariposa y dijo: «¡Nunca conseguirás que me suba en una de esas cosas!». En lugar de dejarnos ir, confiar y transformarnos, podemos interponernos en nuestro propio camino, ponernos zancadillas y sabotear nuestro crecimiento. «Así soy yo; siempre he sido así y siempre lo seré». Podemos convencernos de que no somos más que orugas sin ningún potencial más que el de comer y engordar. Podemos continuar con las opiniones, los juicios y las creencias desalentadoras y destructivas —mostrando enfáticamente las pruebas que hemos recolectado y a las que nos hemos aferrado durante años para demostrar que estamos en lo cierto—. Podemos aferrarnos a los pensamientos y comportamientos habituales e inseguros que nos producen miedo, estrés y ansiedad, y nos retienen. Y podemos anestesiarnos a través de la negación, de la distracción y de las drogas, e ignorar la llamada a vivir más plenamente.

Por otro lado, cuando sentimos que todo empieza a ponerse en marcha, podemos decirle «¡Sí!» a la invitación. Y, como la mariposa, para poder volar tenemos que desprendernos de aquello que ha estado pesando tanto en nuestros corazones y almas. Podemos tomarnos más a la ligera.

Pueden pasar días. Pueden pasar meses. Pueden pasar años antes de que la mariposa humana esté lista para emerger. Hazlo a tu propio ritmo. Sé consciente de que este período de transición puede ser la época más difícil y más vulnerable de tu vida. Sé amable contigo mismo o contigo misma. Rodéate de buena compañía, sin permitir que nadie te haga salir antes de tiempo, sin permitir que nadie te retenga. Tu larga historia como oruga te ha estado preparando para convertirte en una mariposa enormemente hermosa.

Si una horrible oruga que se arrastra puede convertirse en una fabulosa mariposa con alas de gasa, ¡cualquier cosa es posible para nosotros! Con nuestras mentes, nuestra intuición, nuestros corazones y nuestra libre voluntad, podemos hacer casi cualquier cosa. Podemos trascender nuestro antiguo Yo y ver el mundo con nuevos ojos. Podemos lograr lo milagroso.

«Nuestra principal responsabilidad, nuestro destino, es ponernos de pie y ¡ser quien somos! No hay modelos, no hay anteproyectos. Nadie puede enseñarnos. El universo nos ha encargado esta creatividad. Esta es nuestra mayor contribución, nuestro momento en la historia que se despliega —ser quien somos plenamente»

—Brian Swimme

11

VOLAR

«Los vientos soplarán
su propia frescura hacia ti,
y las tormentas su energía,
mientras las preocupaciones
caerán como hojas de otoño»

JOHN MUIR

La diferencia entre una oruga y una mariposa es vasta. Es una diferencia tan profunda como la que hay entre contar con los dedos y ser capaz de multiplicar con tu imaginación. Como la que hay entre viajar en un vagón de Conestoga y tomar un avión. Y la transformación, tanto para las orugas como para los humanos, es un fenómeno natural de la vida.

Una oruga necesita depender sólo de la gravedad. La vida de mariposa requiere que confíe en la energía de los vientos. Todas sus opciones dependen del clima. El clima puede ser su mejor amigo o su mayor reto. Como el clima, los movimientos y los patrones de nuestras interacciones y emociones también afectan a nuestra vida. Tenemos poco control sobre los acontecimientos externos, pero debemos lograr, de alguna manera, seguir nuestro rumbo y elevarnos a lo más alto.

Hay un número infinito de variables en la vida —tantos momentos en los que suceden cosas desconocidas, tantos niveles en los que experimentamos las cosas—. No hay dos días, ni dos personas, ni dos copos de nieve, que sean iguales. Existen tantas fuerzas que actúan sobre nosotros y dentro de nosotros... En muchos sentidos, la vida sobre el planeta Tierra es fundamentalmente impredecible, y esta imprevisibilidad puede ser atemorizante.

Podemos estar volando en un maravilloso día soleado cuando, repentinamente, aparece una tormenta y una racha de viento, y nos hacen perder el equilibrio. La inmensidad del universo puede sacudirnos en lo más profundo. Podemos caer en la inseguridad y sentirnos tentados a regresar a los hábitos negativos o a las viejas adicciones. Pero tenemos alas. Seguimos adelante.

Hay momentos para volar y momentos para descansar. Y tan cierto como que respiramos y pestañeamos, es que nuestros corazones y nuestras mentes están cambiando constantemente. Debemos volver a evaluar constantemente nuestras prioridades y reafirmar nuestros compromisos. Un alcohólico que se ha recuperado, por ejemplo, que ha estado sobrio durante cuarenta años, debe decidir cada día permanecer sobrio.

La recuperación es el proceso de vivir la vida deliberadamente, es un proceso quc nunca acaba. En otras palabras, las mariposas tienen que seguir moviendo las alas, haciendo elecciones cada día. Es mucho trabajo.

Marilyn Ferguson afirma que «Una vez que el viaje se ha iniciado en serio, nada puede disuadirte.» Un objeto en movimiento tiende a permanecer en movimiento. Una vez que has caminado por un sendero deliberadamente durante el tiempo suficiente como para transformarte, es parte de ti.

El ritmo del universo está lleno de sorpresas. Periódicamente, el caos del universo te arrastrará fuera de tu camino, y no pasa nada. Todos somos afectados por los patrones de un sistema complejo y de muchos niveles: la Vida. Podemos aprender de las mariposas a dejar que estas rachas vayan y vengan.

* * *

Las mariposas Monarca tienen una lección más para nosotros, los humanos. Como estas delicadas criaturas no pueden sobrevivir a largos períodos de una temperatura invernal en ninguna etapa de su ciclo de vida, emigran. Las que viven al oeste de las Montañas Rocosas vuelan a la costa de California; las que están al este de las Rocosas emigran a Méjico. Una Monarca que fue marcada en Toronto apareció en Méjico; ¡había volado más de 2.000 kilómetros para llegar a su destino!

Entre 50.000 y 200.000 de estas especies pasan los inviernos en un parque de Santa Cruz, California. El instinto las guía para que se apiñen en los altos árboles de eucalipto. Las impresionantes agrupaciones de alas anaranjadas en movimiento llegan a pesar tanto, que hacen que las ramas de los árboles se inclinen hacia el suelo.

El unir su peso evita que las mariposas sean desalojadas por la lluvia y el viento. El aferrarse juntas las mantiene vivas. Los observadores humanos de esta increíble escena obtienen una comprensión muy clara de la importancia de las comunidades. Si una mariposa se separa del grupo y la temperatura es demasiado baja para permitirle volar, acaba en el suelo, vulnerable a los elementos y a los depredadores.

* * *

Todas valoramos la independencia y la libertad en este país. Pero, para algunos de nosotros, la necesidad de independencia se ha vuelto tan apremiante que empezamos a creer que hay algo malo en necesitar a otras personas. Sin embargo, si no nos tenemos unos a otros, nos aislamos y somos inmensamente vulnerables. El mito de la separación ha provocado proteccionismo, soledad y una profunda sensación de desconexión y aislamiento. Pero estamos todos conectados. De hecho, todos formamos parte de una familia enorme, muy diversa y muy humana. En realidad somos más parecidos que diferentes. Y, como las mariposas, en ocasiones debemos agruparnos para sobrevivir.

En sus rutas migratorias, las mariposas Monarca escogerán detenerse exactamente en el mismo árbol en que sus padres se agruparon a través de los años, por incontables generaciones. Sin haberse detenido nunca antes ahí, sus instintos, o su memoria genética, las lleva a los lugares donde pertenecen. Como ellas, tenemos que confiar en nosotros mismos, en nuestra experiencia, en nuestros recuerdos, en nuestra más profunda intuición para adivinar los lugares en los que encajamos —familias, lugares, culturas—. Sin estas cosas, carecemos de un hogar. Las conexiones y las tradiciones nos ayudan a saber quién somos.

El cambio de paradigma de arrastrarse a volar permite una nueva relación con la Tierra —otra dimensión en la cual experimentar y disfrutar del mundo—. Cuando nos transformamos, nos abrimos a aspectos del vivir que nunca se nos habían ocurrido. Nuestros sentidos se despiertan, nuestros corazones y nuestras mentes se abren, y nuestra imaginación nos lleva a sitios nuevos.

Las antiguas compulsiones y adicciones son liberadas por el nuevo placer que descubrimos en la vida y por nuestra capacidad de confiar en el fluir de nuestras emociones. Descubrimos las alegrías naturales que siempre han estado a nuestra disposición en la Tierra: la simplicidad de echarnos sobre la hierba bajo el sol, hacer una excursión larga a un lugar hermoso, galopar a caballo, bailar un vals vienés, encontrar una respuesta que buscábamos desde hacía tiempo, conectar con nuestros amigos queridos y gritar por el gusto de hacerlo.

Con nuestros nuevos ojos podemos ver que las alegrías y las penas, las subidas y bajadas, el amor y el dolor, son lugares a los que nos llevan los vientos de la vida, si se lo permitimos. Una oruga no puede conocer estas cosas hasta que se ha transformado. Esto también es cierto en el caso de los humanos. La transformación introduce infinitas posibilidades para la alegría, la aventura, el amor y el placer que le otorgan ligereza y una continua renovación al alma. La vida en sí misma se convierte en nuestra recompensa.

«Existen sólo dos maneras de vivir tu vida.
Una es como si nada fuese un milagro.
La otra es como si todo fuese un milagro»

—ALBERT EINSTEIN

12

El cielo es el límite

«Una mariposa bate sus alas en el Amazonas, y llueve sobre Central Park».

ANÓNIMO

Una oruga es una máquina de comer cuyo propósito es consumir el volumen y el forraje de las hojas verdes y convertirlo en energía, con el fin de poder comer más y engordar más. Una mariposa, por otro lado, sorbe el enrarecido néctar de las flores, la esencia de las plantas, a través de su intrincada y delicada trompa. Los azucares y las proteínas concentradas de la ambrosía le dan energía para volar.

De igual manera, una persona iluminada elige sus pensamientos y actitudes cuidadosamente, para evitar cargarse de negatividad. La ligereza es un prerrequisito para volar. La ligereza de corazón es una señal de que estamos en camino. Podemos utilizar la plenitud de nuestras pasiones, anhelos y habilidades para expandir nuestras impresionantes alas y volar.

Para una mariposa el clima es una metáfora de los movimientos del universo. Como individuos, cada uno de nosotros tiene que negociar bajo unas condiciones que pueden haber sido establecidas en nuestra infancia

—nuestros «patrones climatológicos personales»—. Estos patrones únicos nos afectan, pero también tenemos el poder de cambiarlos. Los efectos de nuestros actos suelen estar más allá de nuestra comprensión. Sin embargo, cuando utilizamos nuestros instrumentos para volar —nuestras alas y nuestra sabiduría— nuestros esfuerzos más sutiles pueden tener efectos de largo alcance.

El Efecto Mariposa, descubierto por el meteorólogo Edward Lorenz, demuestra que una ligera alteración en las condiciones iniciales de un sistema meteorológico provocará importantes alteraciones en el comportamiento del sistema. En otras palabras, todos participamos en los sistemas interconectados, a los cuales influenciamos más allá de nuestra consciencia de ello. No conocemos los efectos que tendremos a la larga sobre el mundo cuando saludamos a un extraño en la calle, gastamos un poco de dinero en el mercado o escribimos una carta. Pero ese abrazo que le damos hoy a nuestro hijo o a nuestra hija se puede convertir en cien de nuestros tatara—tatara—nietos abrazando a sus hijos dentro de doscientos años. Todas las cosas buenas son para siempre.

* * *

Todos tenemos nuestras propias historias de sanación, de heroísmo y de superación de obstáculos en nuestras vidas. Y todos estamos envueltos en un enorme tapiz que se despliega y se estira hasta los horizontes de nuestra imaginación. Nuestra propia evolución personal podría ser, de hecho, tan solo una pequeña parte del gran proceso de la evolución humana.

Nuestras luchas personales durante nuestra fase de oruga son el resultado de los problemas y disfunciones de nuestra sociedad a lo largo de los años. Durante nuestra historia de conquista y supervivencia sobre este planeta, los humanos nos hemos dividido en mente, cuerpo, espíritu y emociones. Estas facetas de nuestro ser se han enfrentado en ocasiones con las otras. Hemos sido separados de la naturaleza y hemos perdido nuestras conexiones profundas con la familia y la comunidad. Hemos intentado sentirnos mejor respecto a nosotros mismos siendo mejores que los demás. Las comparaciones y la competencia ha creado vallas entre personas que deberían estar juntas.

Aquellos que han tenido poder lo han utilizado en exceso y han abusado de él, han dominando a los demás, creando violencia, guerras y la persecución de inocentes. Las actitudes subyacientes de negatividad o de pesimismo han culminado en nuestra baja autoestima, nuestra impotencia y desesperación.

Nuestras revelaciones individuales y nuestras luchas colectivas han provocado metamorfosis personales y culturales, conduciéndonos más allá del antiguo paradigma. Una vez que nos convertimos en mariposas, todo parece ser diferente desde nuestro nuevo punto de ventaja. Ahora estamos participando en la creación de un nuevo paradigma para la humanidad. Alvin Toffler dice: «Somos la generación final de una antigua civilización y la primera generación de una nueva.»

En la visión del nuevo mundo nos damos cuenta de que no estamos distanciados ni separados de la naturaleza, sino que somos uno con ella y que dependemos de ella para nuestra supervivencia. Llegamos a valorar la compasión, el equilibrio, el compartir el poder, la paz, la diversidad, la cooperación y la integridad en nuestras interacciones personales y sociales. El respeto mutuo, el asumir nuestro poder y el pensamiento en términos de «ganar o ganar» transforman nuestras relaciones en asociaciones. Al descubrir los profundos placeres de las relaciones sanas, nuestras familias y comunidades se tornan más armoniosas también. Nuestra actitud se vuelve optimista, esperamos lo mejor y buscamos nuevas posibilidades y oportunidades. Esta consciencia que se expande nos proporciona una sensación de significado y de propósito, esperanza y una elevada autoestima.

Éste es un atisbo de hacia dónde nos dirigimos. Esto es en lo que nos estamos convirtiendo. Estamos volviendo a conectar y a reclamar las piezas que nos faltan, para ser íntegros y sagrados.

* * *

Todo empieza con nuestra visión—cómo elegimos ver el mundo—. Cuando miramos con ojos nuevos, podemos ver que la desintegración precede a la integración, el derrumbamiento precede al avance, los finales preceden a los nuevos comienzos, la muerte precede al nacimiento y el invierno precede a la primavera. Y cuando estiramos nuestras alas, sabemos que formamos parte de una danza imperecedera.

«Nunca naceremos lo suficiente.
Somos seres humanos para quienes
el nacimiento es un misterio
supremamente bienvenido,
el misterio de crecer...,
el misterio que ocurre
únicamente cuando,
y cada vez que, somos fieles
a nosotros mismos»

—E. E. CUMMINGS

Epílogo

La transformación puede empezar con un susurro o con un grito, con una llamada telefónica o con la comprensión repentina de algo. La vida nos llama a seguir adelante cada día con nuevas sorpresas, regalos y oportunidades para el cambio. Algunos cambios son pequeños, otros enormes, y la suma de todos ellos puede resultar, finalmente, en una transformación que va más allá de nuestros más disparatados sueños.

Las semillas de mi propia transformación fueron plantadas cuando empecé a criar a mis hijos de una forma más sana que la forma en que me habían criado a mí. Las plantitas empezaron a florecer cuando mi matrimonio se acabó. Lo que a mí me pareció el fin del mundo era, de hecho, el inicio de una vida en un mundo nuevo. Hasta entonces, mi identidad había coincidido con mis roles. Cuando la gente me preguntaba quién era yo, solía decir, «Un ama de casa», o «Simplemente una mamá». Todos esos años de quedarme en casa por mis hijos fueron la fuente que me llevó a escribir mi primer libro, The Winning Family. Nunca soñé entonces que ya me encontraba haciendo el trabajo de mi vida ¡y que un día sería una escritora! Nunca imaginé los retos a los que me enfrentaría y que superaría.

Di el valeroso y osado primer paso a causa de la desesperación —a pesar de que los demás me consideraron loca, a pesar de que me dijeron que yo sola nunca lo conseguiría—. Mi viaje y mi crecimiento empezaron instantáneamente e intensamente. Hice cosas que nunca creí que haría.

A los 38 años, tomé mi primera clase de gimnasia, de afirmación, de meditación y de danza del vientre. Con la ayuda de un mecánico, revisé el motor de mi coche. Me fui de excursión a las montañas de Nepal. Y, lo más importante, superé mi terror de hablar en público, lo cual me puso en el camino del trabajo de mi vida. Ahora soy una conferenciante profesional para contribuir al desarrollo de familias saludables.

La transformación no nos convierte en personas nuevas. Incluso cuando podemos superar el pasado, continuamos teniendo nuestras raíces en él. Ahora soy capaz de ver que el dolor de mi infancia y la lucha con mi matrimonio se convirtieron en la fuente de mi pasión por el trabajo de mi vida. Parece, en retrospectiva, que siempre hubo un plan para mi vida. Sin embargo, mientras comía por el camino siendo una oruga, no era capaz de verlo. De hecho, a los 45 años, ¡seguía sin saber lo que quería ser de mayor!

Ahora, en esta etapa de mi vida, estoy volando. Desde este lugar de ventaja, las piezas de mi vida encajan y, de alguna manera, tienen sentido. El largo proceso me ha conducido hasta mi misión y mi propósito en la vida. Estoy en el camino correcto —el camino con corazón—. De un modo muy profundo, siento que es el correcto y es una sensación muy agradable.

Índice

TERCERA PARTE - LAS ALAS DE LA AUTOESTIMA